现场管理与5S活动实训教程

Training Course on Scene Management and 5S Activity

主　编　芮福宏　申　奕
副主编　林　岩　简　华

天津大学出版社
TIANJIN UNIVERSITY PRESS

内容提要

本书主要介绍企业生产现场管理的基础知识，重点讲解5S活动的基础知识，5S（整理、整顿、清扫、清洁、素养）活动的内容与实施方法，并进行了5S管理活动推进实训，介绍了5S管理推行标准。

本书可用做高等职业院校“企业现场管理”实训课程的教材，也适合于企业各级领导和员工阅读，还可作为企业、学校开展5S管理活动、提高现场管理水平的培训教材。

图书在版编目(CIP)数据

现场管理与5S活动实训教程 / 芮福宏，申奕主编. —天津：天津大学出版社，2013.8（2017.1重印）

ISBN 978-7-5618-4766-4

Ⅰ. ①现… Ⅱ. ①芮… ②申… Ⅲ. ①企业管理－生产管理－教材 Ⅳ. ①F273

中国版本图书馆CIP数据核字（2013）第197440号

出版发行 天津大学出版社
地　　址 天津市卫津路92号天津大学内(邮编:300072)
电　　话 发行部：022-27403647
网　　址 publish.tju.edu.cn
印　　刷 廊坊市海涛印刷有限公司
经　　销 全国各地新华书店
开　　本 169mm×239mm
印　　张 14
字　　数 290千
版　　次 2013年9月第1版
印　　次 2017年1月第3次
定　　价 30.00元

前　言

本书联系企业实际，采用图文并茂的形式，系统地介绍企业生产现场管理的基础知识，并着重讲解了5S活动的基础知识，5S（整理、整顿、清扫、清洁、素养）活动的具体内容，包括基本内容、实施步骤、方法和技巧，以及企业开展现场管理和5S管理的经验、5S管理在实训基地的应用和5S管理推行标准，对高职实训基地开展现场管理活动非常实用有效，有利于培养高职学生良好的习惯和素质，更好地适应现代企业的管理要求。

将企业5S现场管理知识与高职实训基地建设和管理相结合是本书的特色。探讨如何在实训基地推行5S管理和对学生开展5S现场管理实训教学是本书的创新点。

本书可作为高职学生企业现场管理实训课程的教材，也适合于企业各级领导和员工阅读，还可作为企业、学校开展5S管理活动，提高现场管理水平的培训教材。

本书由芮福宏、申奕任主编，林岩、简华任副主编，第1章由芮福宏、李武编写，第2章由申奕、李武编写，第3章、第4章、第5章、第6章、第7章由林岩、李武编写，第8章由简华、李武、张伟、叶健、李超编写，第9章由谢婉茹编写，附录由简华提供，全书由芮福宏统稿。

天津爱波瑞精益管理咨询集团公司蒋南先生仔细审阅了全书，并提出中肯的修改意见，在此编者表示诚挚的谢意。

由于编者水平有限，书中难免存在一些缺点和不足，恳请读者批评指正。

编者

2013年5月

目　　录

1 企业生产现场管理基础知识

1.1 生产现场管理概述

现场这个说法，有广义和狭义之分。广义上，凡是企业用以从事生产经营的场所，都称之为现场。如厂区、车间、仓库、运输线路、办公室以及营销场所等。狭义上，企业内部直接从事基本或辅助生产过程组织的结果，是生产系统布置的具体体现，是企业实现生产经营目标的基本要素之一。狭义上的现场也就是一般大家默认的现场。

现场管理就是指用科学的管理制度、标准和方法对生产现场各生产要素，包括人（工人和管理人员）、机（设备、工具、工位器具）、料（原材料）、法（加工、检测方法）、环（环境）、信（信息）等进行合理有效的计划、组织、协调、控制和检测，使其处于良好的结合状态，达到优质、高效、低耗、均衡、安全、文明生产的目的。现场管理是生产第一线的综合管理，是生产管理的重要内容，也是生产系统合理布置的补充和深入。

1.1.1 生产现场管理的基本内容和工作阶段

1.1.1.1 生产现场管理的基本内容

生产现场管理的基本内容有如下几点。

(1)现场实行“定置管理”，使人流、物流、信息流畅通有序，现场环境整洁，文明生产。

(2)加强工艺管理，优化工艺路线和工艺布局，提高工艺水平，严格按工艺要求组织生产，使生产处于受控状态，保证产品质量。

(3)以生产现场组织体系的合理化、高效化为目的，不断优化生产劳动组织，提高劳动效率。

(4)健全各项规章制度、技术标准、管理标准、工作标准、劳动及消耗定额、统计台账等。

(5)建立和完善管理保障体系，有效控制投入产出，提高现场管理的运行效能。

(6)搞好班组建设和民主管理，充分调动职工的积极性和创造性。

1.1.1.2 生产现场管理工作的三个阶段

生产现场管理是一个复杂的系统工程。开展生产现场管理工作，常见的做法可分为三个阶段。

(1)治理整顿：着重解决生产现场脏、乱、差，逐步建立起良好的生产环境和生产秩序。

(2)专业到位:做到管理重心下移,促进各专业管理的现场到位。

(3)优化提高:优化现场管理的实质是改善,改善的内容就是目标与现状的差距。按 PDCA(Plan,Do,Check,Action)循环,使其合理有效地运行。

1.1.2 生产现场管理制度

1.1.2.1 定置管理

(1)安置摆放工件按区域按类放置,合理使用工位器具。

(2)及时运转、勤检查、勤转序、勤清理,标识变化应立即转序、不拖不积、稳吊轻放,保证产品外观完好。

(3)做到单物相符,工序小票、传递记录与工件数量相符,手续齐全。

(4)加强不合格品管理,有记录,标识明显,处理及时。

(5)安全通道内不得摆放任何物品,不得阻碍通行。

(6)消防器材定置摆放,不得随意挪作他用,保持清洁卫生,周围不得有障碍物。

1.1.2.2 工艺管理

(1)严格贯彻执行工艺规程。

(2)对新工人和工种变动人员进行岗位技能培训,经考试合格并有师傅指导方可上岗操作,生产技术部不定期检查工艺纪律执行情况。

(3)严格贯彻执行按标准、按工艺、按图纸生产,对图纸和工艺文件规定的工艺参数、技术要求应严格遵守、认真执行,按规定进行检查,做好记录。

(4)对原材料、半成品、零配件进入车间后要进行自检,符合标准或有让步接收手续方可投产,否则不得投入生产。

(5)严格执行标准、图纸、工艺配方,如需修改或变更,应提出申请,并经试验、鉴定,报请生产技术部审批后方可用于生产。

(6)合理化建议、技术改进、新材料应用必须进行试验、鉴定、审批后纳入有关技术、工艺文件方可用于生产。

(7)新制作的工装应进行检查和试验,判定无异常且首件产品合格方可投入生产。

(8)在用工装应保持完好。

(9)生产部门应建立库存工装台账,按规定办理领出、维修、报废手续,做好各项记录。

(10)合理使用设备、量具、工位器具,保持精度和良好的技术状态。

1.1.2.3 质量管理

(1)各车间应严格执行"程序文件"中关于"各级各类人员的质量职责"的规定,履行自己的职责、协调工作。

(2)对关键过程按"程序文件"的规定严格控制,对出现的异常情况,要查明原因,及时排除,使质量始终处于稳定的受控状态。

(3)认真执行"三检"制度,操作人员对自己生产的产品要做到自检,检查合格后,方能转入下工序,下工序对上工序的产品进行检查,不合格产品有权拒绝接收。如发现质量事故时做到责任者查不清不放过、事故原因不排除不放过、预防措施不制定不放过。

(4)车间要对所生产的产品质量负责,做到不合格的材料不投产、不合格的半成品不转序。

(5)严格划分"三品"(合格品、返修品、废品)隔离区,做到标识明显、数量准确、处理及时。

1.1.2.4 设备管理

(1)车间设备指定专人管理。

(2)严格执行"设备使用、维护、保养、管理制度",认真执行设备保养制度,严格遵守操作规程。

(3)做到设备管理"三步法",坚持日清扫、周维护、月保养,每天上班后检查设备的操作控制系统、安全装置、润滑油路畅通,油线及油毡清洁、油压油位标准,并按润滑图表注油,油质合格,待检查无问题方可正式工作。

(4)设备台账卡片,交接班记录,运转记录齐全、完整,账卡相符,填写及时、准确、整洁。

(5)实行重点设备凭证上岗操作,做到证机相符。

(6)严格设备事故报告制度,一般事故 3 天内、重大事故 24 小时内报设备主管或主管领导。

1.1.2.5 工具管理

(1)各种工具、量具、刃具应按规定使用,严禁违章使用或挪作他用。

(2)精密、贵重工具,量具应严格按规定保管和使用。

(3)工具严禁磕、碰、划伤、锈蚀、受压变形。

(4)车间不得使用不合格的或已损坏的工具、量具、刃具。

1.1.2.6 计量管理

(1)使用人员要努力做到计量完好、准确、清洁并及时送检。

①量具必须保持完好无损,零件、附件无丢失,出现上述情况之一者,必须及时送质量部门以便检查、修理、鉴定。

②禁止使用过期或不合格量具,做到正确使用、轻拿轻放、严禁碰撞,使用后擦拭干净,较长时间不使用要涂油,正确放置。

③所有在用计量器具必须按合格证书填写的有效期或质量部检测中心的通知自觉及时送检。

(2)凡自制或新购计量器具均送质量部检测中心检查,合格后办理入库、领出手续。

(3)严禁用精密度较高的计量工具测量粗糙工件,更不准作为他用,不得使用非法定计量单位的量具。文件、报表、记录等不得采用非法定计量单位。

(4)凡须报废的计量器具,应提出申请报质量部。

1.1.2.7 文明生产

(1)车间清洁整齐,各图表美观大方,设计合理,填写及时,准确清晰,原始记录、台账、生产小票齐全、完整、按规定填写。

(2)应准确填写交接班记录、交接内容(包括设备、工装、工具、卫生、安全等)。

(3)室内外经常保持清洁,不准堆放垃圾。

(4)生产区域严禁吸烟,烟头不得随地乱扔。

(5)车间地面不得有积水、积油。

(6)车间内管路线路设置合理、安装整齐,严禁跑、冒、滴、漏。

(7)车间内管沟、盖板完整无缺,沟内无杂物,及时清理,严禁堵塞。

(8)车间内工位器具、设备附件、更衣柜、工作台、工具箱、产品架及各种搬运小车等均应按指定摆放,做到清洁有序。

(9)车间合理照明,严禁长明灯、长流水。

(10)坚持现场管理做到文明生产、文明运转、文明操作,根治磕碰、划伤、锈蚀等现象,每天下班要做到设备不擦洗保养好不走,工件不按规定放好不走,工具不清点摆放好不走,原始记录不记好不走,工作场地不打扫干净不走。

(11)边角料及废料等分类放到指定地点保管。

1.1.2.8.安全生产

(1)严格执行各项安全操作规程。

(2)经常开展安全活动,开好班前会,不定期进行认真整改、清除隐患。

(3)按规定穿戴好劳保用品,认真进行安全生产。

(4)特殊工种作业应持特殊作业操作证上岗。

(5)学徒工、实习生及其他学员上岗操作应有师傅带领指导,不得独立操作。

(6)交接班做记录,班后认真检查,清理现场,关好门窗,对重要材料要严加管理以免丢失。

(7)非本工种人员或非本机人员不准操作设备。

(8)重点设备要专人管理,保持卫生清洁,严禁损坏。

(9)消防器材要确保灵敏可靠,定期检查更换(器材、药品),有效期限标识明显。

(10)加强事故管理,坚持对重大未遂事故不放过原则,要有事故原始记录及处理报告,记录要准确,上报要及时。

(11)发生事故按有关规定及程序及时上报。

1.1.2.9 能源管理

(1)积极履行节能职责,认真考核。

(2)开展能源消耗统计核算工作。

(3)认真执行公司下达的能源消耗定额。

(4)随时检查耗能设备运行情况,杜绝跑、冒、滴、漏,消除长流水现象,严格掌握控制设备预热时间,杜绝空车运行。

(5)未经允许不得私接耗能设备、设施、器具。

1.1.2.10 车间管理

(1)车间可据公司制度,具体制定管理细则,报主管领导批准后实施。

(2)车间做到奖罚分明,账目齐全,分配公开、公平。

(3)严格现场管理,要做到生产任务过硬、技术质量过硬、管理工作过硬、劳动纪律过硬、思想工作过硬。

(4)经常不定期开展内部工艺、纪律产品质量自检自纠工作。

(5)积极参加技术培训,大力开展岗位练兵,努力达到岗位技能要求。

(6)认真填写各项记录、工票、台账,做到及时、准确、清晰、完整、规范。

1.1.3 生产现场管理的三大工具

1.1.3.1 标准化

1.标准化的含义

所谓标准,就是在企业里执行各种各样的规范,如:规程、规定、规则、标准、要领等,这些规范形成文字化的东西统称为标准(或称标准书)。制定标准,而后依标准付诸行动则称之为标准化。那些认为编制或改订了标准即已完成标准化的观点是错误的,只有经过指导、训练才能算是实施了标准化。

改善创新与标准化是企业提升管理水平的两大轮子。改善创新是使企业管理水平不断提升的驱动力,而标准化则是防止企业管理水平下滑的制动力。没有标准化,企业不可能维持在较高的管理水平。

2.标准化的目的

在工厂里,所谓制造就是以规定的成本、规定的工时,生产出品质均匀,符合规格的产品。如果制造现场之作业如工序的前后次序随意变更,作业方法或作业条件因人而异有所改变的话,一定无法生产出符合上述要求的产品。因此必须对作业流程、作业方法、作业条件加以规定并贯彻执行,使之标准化。标准化有以下四大目的:①技术储备;②提高效率;③防止再发;④教育训练。

1.1.3.2 目视管理

1.目视管理的含义

目视管理是利用形象直观而又色彩适宜的各种视觉感知信息来组织现场生产活动,达到提高劳动生产率的一种管理手段,也是一种利用视觉来进行管理的科学方法。

所以目视管理是一种以公开化和视觉显示为特征的管理方式。综合运用了管理学、生理学、心理学、社会学等多学科的研究成果。

2. 目视管理的分类

目视管理通常分为五大类。

1)目视管理的物品管理

日常工作中,需要对工夹具、计量仪器、设备的备用零件、消耗品、材料、在制品、完成品等各种各样的物品进行管理。

2)目视管理的作业管理

工厂中的工作是通过各种各样的工序及人组合而成的。各工序的作业是否是按计划进行的,是否是按决定的那样正确地实施的,在作业管理中,能否很容易地察觉各作业及各工序的进行状况及是否有异常发生是非常重要的。

3)目视管理的设备管理

目视管理的设备管理是以能够正确地、高效率地实施清扫、点检、加油、紧固等日常保养工作为目的。

4)目视管理的品质管理

目视管理能有效防止许多“人的失误”的产生,从而减少品质问题发生。

5)目视管理的安全管理

目视管理的安全管理是要将危险的事、物予以“显露化”,刺激人的“视觉”,唤醒人们的安全意识,防止事故、灾难的发生。

1.1.3.3 看板管理

1. 看板管理的含义

看板管理是管理可视化的一种表现形式,即对数据、情报等的状况一目了然地表现,主要是对于管理项目,特别是情报进行的透明化管理活动。它通过各种形式如标语、现况板、图表、电子屏等把文件上、脑子里或现场等隐藏的情报揭示出来,以便任何人都可以及时掌握管理现状和必要的情报,从而能够快速制定并实施应对措施。因此,管理看板是发现问题、解决问题的非常有效且直观的手段,是优秀的现场管理必不可少的工具之一。

2. 看板管理的作用

(1)展示改善的过程,让大家都能学到好的方法及技巧。

(2)展示改善成绩,让参与者有成就感、自豪感。

(3)营造竞争的氛围。

(4)营造现场活力的强有力手段。

(5)明确管理状况,营造有形及无形的压力,有利于工作的推进。

(6)树立良好的企业形象(让客户或其他人员由衷地赞叹公司的管理水平)。

3. 看板管理的分类

生产现场的物料管理、计划管理、设备管理、工具管理、人员管理、生产管理、5S管理等等。

1.1.4 生产现场管理的方法

1.1.4.1 现场 OJT

现场 OJT(On-the-Job Training)指的是现场指导。"师徒制""导师制"都是现场指导的有效机制,其核心技巧在于清楚地理解现场 OJT 的培训职责,科学运用 OJT 的四个阶段与七个步骤。

可口可乐与宝洁的工厂都非常重视现场 OJT,新进的员工将由一个师傅级的员工带领,直到他熟练掌握本岗位的全部操作要领。现场 OJT 是为了快速培养熟练员工,在此基础上进行岗位轮换,则可以造就多技能员工。"一专多能"的员工可以提高生产效率,增加生产管理的灵活性,这是每一个现场管理者所追求的一线员工管理目标。

1.1.4.2 现场 5S 管理

5S 指的是整理、整顿、清扫、清洁与素养,在 5S 里面最强调素养,所谓"始于素养,归于素养"。现场的整理、整顿、清扫与清洁相对容易做,尤其在生产现场与办公现场,有各级干部在监督执行,总经理通常不担心做不好。难度最大的是素养的形成。

广州本田汽车的工厂实施 5S 成效卓著,可谓我们身边活生生的例子,其心得在于管好工厂的"两张口",一个是"入口",一个是"出口",即工厂的员工餐厅与洗手间,这两个地方最能反映员工的素养。

如果有机会到广州本田工厂,你可以见到那里的员工餐厅明亮整洁,一尘不染,但没有专职的清洁工。员工就餐前餐厅是什么样,就餐结束后员工会自觉将它保持原样,就餐中如有残羹洒落,员工会立即清扫,保持清洁,所以员工就餐完毕离开后,餐厅立即就重现之前的整洁状态。洗手间也保持得十分整洁,甚至有些艺术品装饰,可以说不亚于五星级酒店的标准。

1.1.4.3 现场目视管理

现场目视管理追求的是"透明化",即工厂的管理状态一目了然,随时看得见,有问题可以立即发现,有效果也可以立即展现。许多工厂都在实施各种管理系统,系统的作用究竟如何,最好的做法就是在现场反映出来,所以说目视管理也是检验系统运行成果的一种有效方法。

广州高露洁的工厂在目视管理方面的做法值得借鉴。车间入口的走道边是生产绩效的展示橱窗,采用透明玻璃管与不同颜色的填料表示绩效水平。在生产线的适当位置悬挂电子显示屏,随时反映生产效率与异常状况,在经理的办公间也有显示终端,方便对生产现场进行实时监控。车间柱子上漂亮醒目的"外衣",是公司产品的平面广告,当然这些"衣服"会定期更换,好像在随时提醒员工要关注客户需求的变化。

1.1.4.4 现场改善

现场改善最基本的做法是通过有效的流程分析,找出生产现场的损失与浪费,并努力将其衡量出来;然后遵循 PDCA 的管理循环,制定并实施改善方案,持续地追求现场价值的最大化。

国外最经典的案例是丰田汽车的工厂，在生产现场大力推行个别改善提案制度，实施现场改善，使得其制造过程的增值比高达30%，远远大于同业竞争对手。

1.1.4.5 现场问题解决方法

现场问题解决方法按照PDCA的管理循环展开，具体包括8个基本步骤，也有人将其归纳为现场问题解决的8D法，这符合问题解决的逻辑顺序。8D法有利于群策群力，快速解决现场问题。

福特汽车是全力推行8D法的领先企业，通用电气以及其他许许多多的企业也通过在现场推行这一方法，全面调动了员工参与的积极性，提高了工厂的质量水平，降低了生产成本，确保了准时交货，并为客户提供了更加全面周到的服务。

1.1.5 生产现场管理的十大利器

(1)工艺流程查一查，查到合理的工艺路线。

(2)平面布置调一调，调出最短路线的平面布置。

(3)流水线上算一算，算出最佳的平衡率。

(4)动作要素减一减，减去多余的动作要素。

(5)搬运时空压一压，压缩搬运距离、时间和空间。

(6)人机效率提一提，提高人与机器的合作效率。

(7)关键路线缩一缩，缩短工程项目的关键路线。

(8)现场环境变一变，变革工作和现场的环境。

(9)目视管理看一看，看清指示、信息和问题。

(10)问题根源找一找，找出问题的根源并加以解决。

1.2 生产现场诊断和评价

1.2.1 生产现场诊断

1.2.1.1 5S推荐委员会成员

5S推荐委员会成员如图1.1所示。

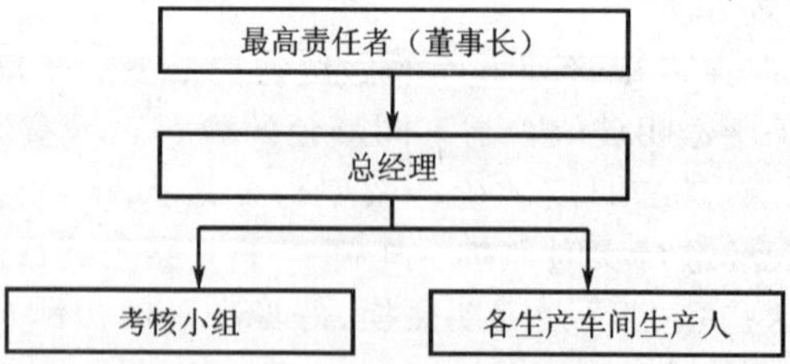

图1.1 5S推荐委员会成员

1.2.1.2 现场诊断流程

现场诊断流程如图1.2所示，报告见表1.1。

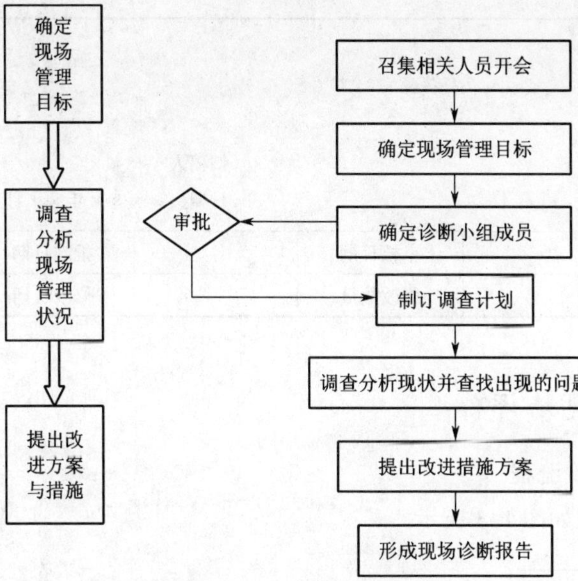

图 1.2　现场诊断流程

表 1.1　现场诊断报告

文本名称	现场诊断报告			受控状态	
执行部门		监督部门		文件编号	

一、前言

1. 我公司面临的经济形势

目前，我公司所面临的经济形势主要有两个方面的特点：一是内外趋于冷淡的市场环境；二是原材料的价格一路上扬，而产品的价格却由于竞争的加剧导致有下跌的可能。

为了能轻松地应对上述局面，我公司应该在管理上下狠功夫，向企业生产现场要效益，提高生产一线人员及管理人员的工作效率，将产品生产过程中的浪费降至最低，以此来消除外部环境对公司经营的负面影响。因为企业所有的产品都诞生于生产现场，生产现场管理水平的高低在一定程度上决定了产品质量、生产成本费用的高低。

由于以上情况，公司领导特决定对生产现场进行一次全面、彻底的诊断行动。

2. 对生产现场加强管理的必要性说明

对生产现场加强管理的必要性表现在以下五个方面：

(1)控制标准化的作业流程，提高产品的质量；

(2)减少不必要的动作或时间，提高生产效率，间接降低生产成本；

(3)使生产现场资源得到合理的配置和使用，减少浪费；

(4)整洁有序的生产现场能够给来公司参观的客户留下良好的印象；

(5)将发生安全事故的可能性降至最低。

二、诊断小组的成员构成

此次诊断行动由主管生产的副总××担任组长，具体成员名单如下。

续表

1. 副组长：××   2. 组员：×××，×××，×××，××，××   撰稿人　×××   日期　××××年××月××日

编制日期		审核日期		批准日期	
修改标记		修改数量		修改日期	

1.2.2 生产现场评价

1.2.2.1 现场评价流程

现场评价流程如图1.3所示。

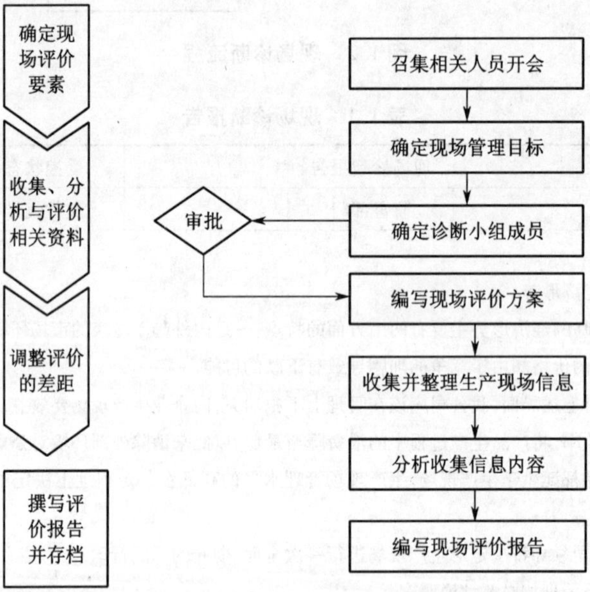

图1.3　现场评价流程

1.2.2.2 现场评价方案

现场评价方案见表1.2。

表 1.2　现场评价方案

文本名称	现场评价方案			受控状态	
执行部门		监督部门		文件编号	

一、前言

衡量企业管理水平高低的一项重要标准是现场管理。企业的各项管理都是以现场管理为基础并且通过现场来实施的。生产现场既承担着公司所有产品的制造加工任务,也承担着产品质量、工艺技术的改善、改进工作;生产现场既是公司所有生产信息的衔接地,也是隐藏公司利润潜力的聚集地。所以,生产现场管理是公司最基础、最重要的活动之一,其水平的高低直接影响到公司产品质量水平和公司的经济利益。

为考察、掌握公司生产现场管理的实际状况,发现生产现场管理的优势与不足,挖掘生产现场管理存在的潜力,为公司生产效率的提高、产品质量水平的提升、生产成本的控制等打下坚实的基础,创造更大的经济效益,特组织此次现场评价活动。

二、现场评价小组的成员构成

此次现场评价活动由主管生产的副总××担任组长,具体成员名单如下。

副组长:××

组员:×××,×××,×××,××,××

三、生产现场评价要素

(一)直接评价法的生产现场评价要素

生产现场评价要求列表(直接评价法)如下所示:

生产现场评价要素列表(直接评价法)

专项管理项目	具体内容	单项总分	实际得分
工位器具管理	(1)生产现场的工位器具齐备、不短缺	40	
	(2)生产现场的工位器具干净并整齐摆放	30	
	(3)工位器具的现场台账账目清晰易懂	20	
	(4)生产现场没有闲置的工位器具	10	
单项得分(上述各项内容实际得分的加权得分)		100	
质量管理	(1)生产现场有完备的质量保证系统	35	
	(2)每个操作点都有完备的作业标准书	25	
	(3)用于控制质量的计量器具摆放整齐、合理且精度准确	25	
	(4)生产人员了解每种产品的不良率要求	15	
单项得分(上述各项内容实际得分的加权得分)		100	
设备管理	(1)每个设备前有设备资料卡与保养维修卡,且内容清晰、明了	20	
	(2)设备上的危险地方标有明显的危险标识	15	
	(3)设备的保养点检记录良好,无中断现象发生	20	
	(4)所有设备的操作人员都有由公司技术部门颁发的设备操作证,操作人员能够熟练掌握相关设备的操作规则	30	
	(5)设备在近一年中没有发生因操作错误而引起的重大事故	15	
单项得分(上述各项内容实际得分的加权得分)		100	

续表

材料管理	(1)材料、物品的放置整齐,放置场所有明显的标识	20	
	(2)生产现场人员能够及时掌握现场材料的不足或多余	25	
	(3)生产现场的材料能够按公司规定的量进行存储	20	
	(4)生产现场的材料无老化、残次品现象	15	
	(5)废料堆里没有可以再次使用的材料	20	
单项得分(上述各项内容实际得分的加权得分)		100	
安全管理	(1)生产现场有危险的地方有明确的标识或做了相应的处理	30	
	(2)生产通道及安全通道无物品占用,安全出口处无物品堆积	15	
	(3)所有的保护安全的设施设备处于正常的工作状态	20	
	(4)危险系数较高的设施、设备的操作人员均有上岗证	20	
	(5)生产人员能够熟记安全操作规范	15	
单项得分(上述各项内容实际得分的加权得分)		100	
人员管理	(1)生产现场人员的出勤状况良好,出勤记录完备	15	
	(2)生产现场人员的工作态度良好,无闲聊、串岗、吃零食、打瞌睡等现象发生	25	
	(3)对技术不熟练的员工进行了现场指导并有记录	20	
	(4)对生产人员培训的现场记录完整、清晰、针对性强	25	
	(5)生产现场的人员待人接物有礼、有节,能够保守公司的机密	15	
单项得分(上述各项内容实际得分的加权得分)		100	

(二)间接评价法的生产现场评价要素

生产现场评价要素列表(间接评价法)如下所示:

生产现场评价要素列表(间接评价法)

经济技术指标	评价指标	实际得分
质量指标	(1)产品质量抽检合格率	
	(2)优等品及一等品的质量合格率	
	(3)产品首件检验合格率	
	(4)半成品的质量合格率	
单项经济技术指标得分(上述各个评价指标的平均得分)		
效率指标	(1)生产现场的劳动生产率	
	(2)生产人员的劳动生产率	
	(3)定额工时的平均完成率	
	(4)工时的利用率	
单项经济技术指标得分(上述各个评价指标的平均得分)		
成本指标	(1)原材料利用率	
	(2)单位产品的原材料消耗定额达成率	
	(3)单位产品的成本降低目标达成率	
	(4)可比产品的工时定额达成率	
单项经济技术指标得分(上述各个评价指标的平均得分)		

续表

配套指标	(1)每日生产的产品均衡率 (2)生产现场的零部件生产配套率 (3)产品的按期交货率	
单项经济技术指标得分(上述各个评价指标的平均得分)		

四、以往现场评价易出现差错的项目分析及对策

(略)

撰稿人

日期××××年××月××日

编制日期		审核日期		批准日期	
修改标记		修改数量		修改日期	

1.2.3 生产现场诊断与评价的实施

1.2.3.1 现场评价与诊断的方法(决策)

通过此次课堂实践,使学生熟悉生产现场诊断流程、生产现场诊断报告以及生产现场评价方案的基本内容和制作过程;掌握实习工厂生产车间的基本信息,分析所收集的现场管理资料,完成任务工单;能够制定生产现场诊断流程、生产现场诊断报告以及生产现场评价方案。

1. 选择现场诊断的方法

此次诊断主要采用现场观察法与访谈法相结合的方法,即通过诊断小组成员的观察以及与生产一线操作人员及车间管理人员的交谈获得生产现场的相关信息。

2. 现场评价的执行

此次现场评价活动采用直接评价法和间接评价法相结合的方式进行。

(1)运用直接评价法进行评价。对生产现场的工位器具管理、质量管理、设备管理、材料管理、安全管理、人员管理6个方而,采用直接评价法进行考评。这6大方面作为生产现场的专项管理,每个专项管理包括若干项评价的内容与要求。

采用直接评价法时,将每个专项管理的分值均设为100分,再将分值一一分配到各项评价的内容中。直接评价法不仅能直接评价出各个专项管理的优势,还可以将6个专项管理的分值综合取平均分值,从而可衡量出长期以来公司在生产现场管理方面的优劣情况。

(2)运用间接评价法进行评价。间接评价法是采用与生产现场管理有密切关系的经济技术指标,包括质量指标、效率指标、成本指标及配套指标4个方面进行评价。根据相关历史生产资料,计算每项经济技术指标的具体数值,得出的分值即为百分数的分子值;将某项经济指标的各个评价指标的得分进行求和,并计算其算术平均值,所得分数即为某一项经济技术指标的参考分数;将4个方面的经济技术指标的平均分数综合求和,得出生产现场的间接评价分数,作为评价生产现场管理的一个参

考因素。

1.2.3.2 现场评价与考察的具体活动安排(计划)

现场评价与考察的活动安排见表1.3。

表1.3 现场评价与考察的活动安排

活动阶段	具体内容	负责人
准备阶段		
具体实施阶段		
收尾阶段		

1.2.3.3 现场诊断与评价的步骤及工作内容(实施)

(1)现场诊断的步骤及工作内容见表1.4。

表1.4 现场诊断的步骤及工作内容

现场诊断阶段	具体内容	具体时间
开始阶段	(1)组建诊断小组 (2)确定现场管理需要达到的目标 (3)制订调查计划并拟定好访问的主要内容	
实施阶段	(1)调研生产现场的环境状况 (2)调研生产现场的操作是否规范 (3)调研生产现场的物料管理状况 (4)调研生产现场的产品质量管理状况 (5)调研生产现场的设备管理状况 (6)调研生产现场的现场改善状况 (7)调研生产现场的安全管理状况 (8)调研生产现场的人员管理状况	
收尾阶段	(1)整理收集的资料 (2)对资料进行分析 (3)就分析结果提出建议与意见并形成报告	

(2)现场评价活动的具体步骤及时间安排见表1.5。

表1.5 现场评价活动的具体步骤及时间安排

现场评价阶段	具体工作内容	具体时间
开始阶段	(1)组建现场评价小组 (2)确定现场评价要素 (3)制订调研计划	

续表

现场评价阶段	具体工作内容	具体时间
实施阶段	(1)调研生产现场的工位器具管理状况 (2)调研生产现场的质量管理状况 (3)调研生产现场的设备管理状况 (4)调研生产现场的物料管理状况 (5)调研生产现场的安全管理状况 (6)调研生产现场的人员管理状况 (7)调研生产现场的5S管理状况	
收尾阶段	(1)整理收集的资料 (2)对收集的资料进行分析 (3)出具现场评价报告	

1.2.3.4 诊断流程与报告的检查和评估(检查和评估)

(1)对所制作的诊断流程、诊断报告、现场方案及评价表进行检查并做出修改、完善,写出调研报告。

(2)根据自己任务完成的情况进行自我评估,并提出改进意见。

(3)小组对本组制作的诊断流程、诊断报告、现场方案及评价表进行陈述讲解,指导教师和该车间负责人共同对小组工作情况进行评估,并进行点评。

1.3 3定5S——一切革新的基础

1.3.1 3定5S活动概况

1.3.1.1 3定5S活动为什么重要

在生产现场,如果没有做好整理、整顿、清洁工作,则浪费现象严重,发生安全事故的概率也偏高。随便放置部件或产品、不遵守现场规定等都是造成安全事故的原因。

现场安全、零浪费的第一步要从清洁开始,保持干净的现场环境。这里的清洁是指维持整理、整顿、清扫。

工厂现场的物品的整理、整顿、清扫对于杜绝现场浪费至关重要并且改善效果良好。

那么,如何判断在生产现场中,整理、整顿、清洁、清扫、素养是否已经实现,是否存在因不必要的行为或作业而降低效率的现象。现场管理不善现象如图1.4所示。

现场环境干净整洁,并将工具、材料、产品等物品进行分类,可以使下一步的工作能明确且迅速地进行,同时还能预防安全事故的发生,实现工作人员士气的提升和效率的提高,完成现场管理5大目标,即质量(Quality)、成本(Cost)、交期

图1.4 现场管理不善图示

(Deadline)、安全(Safety)、士气(Morale),进而使所有生产活动实现合理化。我们称这种体系的整理、整顿、清扫、清洁的实施方法为3定5S活动。

当认识到作业现场的整理、整顿、清扫、清洁直接关系到作业效率的提升、生产性的提高、安全问题、减少浪费、降低成本及员工活跃性的提高的时候,便更有必要实施3定5S活动。

3定5S管理对改善现场环境、提升作业效率、保障服务质量、营造企业氛围以及创建良好的企业文化等方面有显著效果。

1.3.1.2 3定5S活动有什么内容

"3定5S"是所有革新活动的基础,是减少、消除工厂内所有浪费的行为。

"3定"指定位置、定品、定量,即谁都可以容易地知道物品在哪(定位置)、怎样(定品)、多少(定量)的方法。

5S活动的推进主要是以整理(Seiri),整顿(Seiton),清扫(Seiso),清洁(Seiketsu)这4S为手段,实现4S的素养(Shitsuke),规范现场、现物,营造一目了然的现场环境,强化文明观念,使得企业中每个场所的环境、每位员工的行为都能符合5S的要求,最终提高现场的管理水平。

5S的具体含义如表1.6所示。

表1.6 5S的含义

5S	具体内容
整理(Seiri)	区分需要的和不需要的物品,果断清除不需要的物品
整顿(Seiton)	将需要的物品有序放置,以便任何人在任何时候都能立即使用
清扫(Seiso)	清除车间的地板、墙、设备、物品等上面的灰尘、异物,创造干净的环境

续表

5S	具体内容
清洁(Seiketsu)	维持整理、整顿、清扫的状态,从根源上进行改善
素养(Shitsuke)	遵守公司制定的纪律、规则、作业方法等,使之成为自发的、习惯性的行为

1.3.1.3 3定5S活动是管理的基础

3定5S活动是工厂杜绝浪费的有效方法,是一切管理工作的基础,是生产现场工业工程(IE)、全面质量管理(TQM)、精益生产(LP)、全面生产管理(TPM)、国际标准化组织(ISO)体系等顺利实施的保障。推进3定5S活动的管理现实意义如表1.7所示。

表1.7 3定5S活动的管理现实意义

管理意义	说明
3定5S活动是管理的基础	(1)检讨工厂的生产管理方式,设计和改善高效率的生产管理系统,而3定5S活动里面包含这些管理的基础 (2)如果在没有完成3定5S活动的状态下把现场弄得乱七八糟,不管引进多好的管理系统都不会有效果
3定5S活动是标准化的出发点	(1)首先要按3定5S活动的规定确定物品存放位置和摆放方法,使现场干净、无灰尘,从根本上消除(预防)可能引发问题的各种因素,以稳定现场作业 (2)贯彻3定5S,作业人员自觉遵守作业标准
3定SS活动是目视管理的基础	(1)标准是判断现场中发生的事情是否正常的准则,但一般标准在作业现场中很难发现 (2)通过3定5S,使任何人都可以轻易判断发生现场的情况是否正常

3定5S活动既能帮助生产现场减少浪费和保证质量,还可以使员工养成良好的工作习惯、拥有饱满的工作情绪,创造良好的企业文化,加强员工的归属感,增强团队精神,提高作业效率,提升企业形象。

1.3.1.4 3定5S活动推进作用效果

3定5S活动是工厂生产活动最基本的改善活动,是“治疗”浪费的特效药,是高水平工厂的重要管理手段。工厂为了生产更完美的产品,与执行高级革新技巧相比,更需要在生产现场实践3定5S活动。

3定5S活动推进作用效果如图1.5所示。

通过推进3定5S活动,可以使工厂所有已规定的事项(标准化)有效执行,使作业现场时刻处于良好的状态,可以随时开工,并能保证产品质量稳定,实现生产优良品的生产现场目标。

推进3定5S的生产现场,任何一个环节或物品都将做到节约,从而能降低生产成本。同时,还能缩短生产的前置,使现场宽敞明亮、一眼就能看出物品的流动,遵

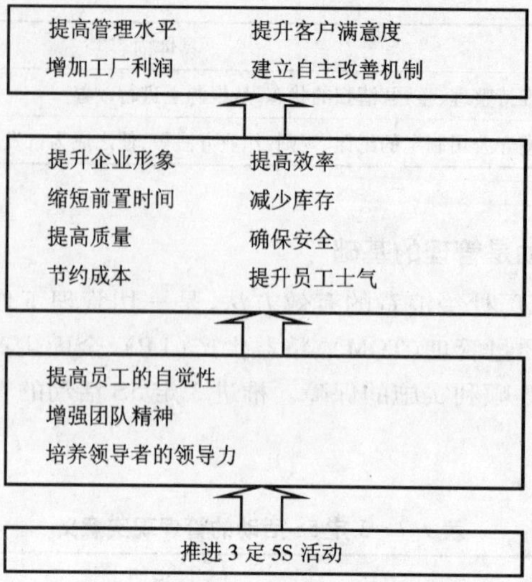

图1.5　3定5S活动推进作用效果

守零件箱或空容器的堆积规定，遵守交货日期。生产现场变得宽敞而干净，形成所有员工团结起来积极进行改善的气氛。

干净的工厂在被客户称赞、承认的同时，也可以给客户一种信任感，客户会觉得这种工厂生产的产品可以放心，从而产品实现利润增长和企业发展。

1.3.2　3定5S活动的6大目标

推进3定5S活动不仅仅是为了让工厂变得干净，更是为了消除浪费、损失，使其成为能够创造高利润的工厂。开展3定5S活动可以提高产品质量、节约成本和遵守交货日期，还能提高安全性和稼动率，而且可以实现产品多样化。3定5S活动的具体目标如图1.6所示。

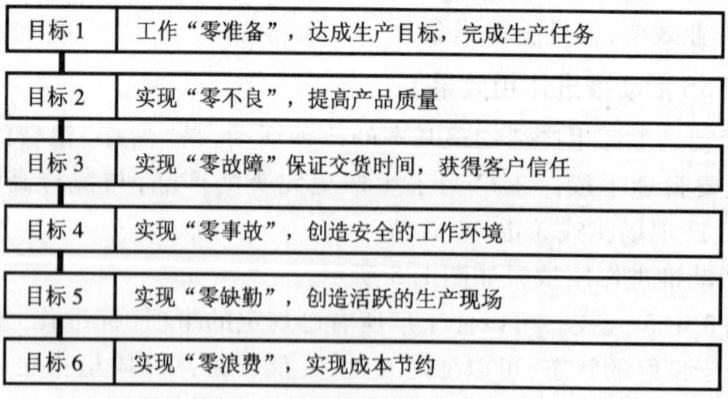

图1.6　3定5S活动6大目标

1.3.2.1 零准备，完成生产任务

3定5S活动的第1个目标是尽快完成作业准备，把准备工作“零”化，完成生产目标量。为了实现该目标，工厂需达成以下效果。

（1）模具、夹具、工具经过整顿随时可以拿到，不需费时寻找，模具、模型的更换工作可迅速执行。

（2）整洁、规范的工厂以及机器的正常运作，可以大幅度地提升作业效率。

（3）彻底贯彻5S，让初学者和新人一看就懂，一学就会。

1.3.2.2 零不良，提高产品质量

3定5S活动的第2个目标是提高产品质量，实现零不良。为了实现该目标，工厂平时需进行整顿，达到以下效果。

（1）严格地按标准的要求进行生产。

（2）干净整洁的生产现场可有效提高员工的质量意识。

（3）机器设备的正常使用和保养，可以减少不良品的产生。

（4）员工应预判可能发生的问题，并做好预防措施，而不能仅盯在出现问题后的处理上。

（5）环境整洁、有序，一眼就可以发现异常现象。

1.3.2.3 零故障，不延误交货期

3定5S活动的第3个目标是实现零故障，不延迟交货期。为了实现该目标，工厂需达到以下效果。

（1）模具、工装夹具管理良好，减少调试、寻找故障的时间，设备稳定，综合效能可大幅度地提高。

（2）实现工厂无尘化，确保无碎屑、屑块、油漆，经常擦拭机器并进行维护保养，提高机器使用率。

（3）每日检查，防患于未然。

整洁、舒畅的现场环境会使员工更快乐地工作，出勤率也会大大提高；同时，物品的摆放位置也会更加显眼。如果机器运转正常，人员、物品、机器的组合更加协调，就不会发生交货时间延迟的现象，进而提高客户满意度。

1.3.2.4 零事故，创造安全环境

脏乱的现场环境和混乱的生产秩序容易发生安全事故，例如，不正确的着装会导致安全事故的发生或作业迟缓。

3定5S活动的第4个目标是创造安全的工作环境，有效防范安全事故的发生，实现“零”事故。为实现该目标，工厂需达到以下效果。

（1）整理、整顿后，通道和休息场所都不会被占用，宽敞明亮的工作场所使物品摆放一目了然，人车分流，道路通畅。

（2）危险操作警示明确，员工能正确地使用保护器具，不会违规作业。

（3）对所有的设备都进行清洁、检修、预防，发现存在的问题，消除安全隐患。

(4)消防设施齐全,灭火器定位放置,逃生路线明确,以确保员工的生命安全在发生水灾或地震时有所保障。

1.3.2.5 零缺勤,营造活跃现场

3定5S活动的第5个目标是提高员工的工作积极性,实现零缺勤,同时营造气氛活跃的生产现场,以得到客户更充分的信赖。

一目了然的工作场所,无勉强而不拘束,岗位明确,工作已成为一种乐趣,员工不会无缘无故地旷工。

1.3.2.6 零浪费,实现成本节约

3定5S活动的第6个目标是整理不必要的物品,使设备工具、现场始终保持整洁的状态,减少浪费,实现成本节约。为实现该目标,工厂需达到以下效果。

(1)减少库存,排除过量生产,避免因零件及半成品、成品的库存过多而致使销售和生产的循环过程流通不畅,最终使企业的销售利润和经济效益的预期目标将难以实现。

(2)保持生产现场整洁能提高工作效率,消除不必要的物品,能让搬运工作更加顺利。

(3)设备干净使出现故障的可能性降低,大幅度提高了稼动率。

总之,由于消除了不合理和不必要的事务,达成了节约成本的目的(如图1.7所示)。

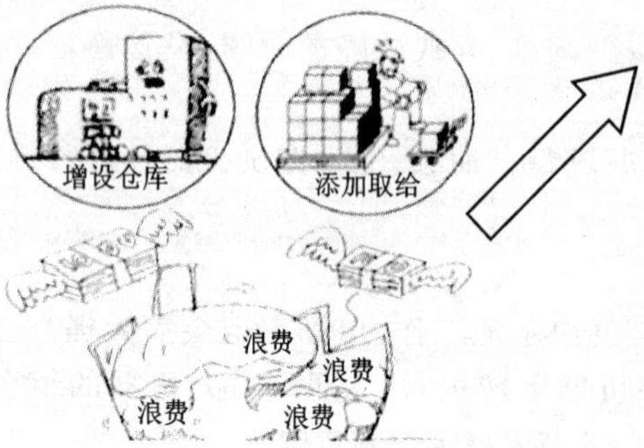

由于现场堆积着很多零部件,在生产时无法找到所需部件,因此只能订购,增设仓库保管,故剩余物品增多。零部件长期放置后会出现生锈或其他问题,导致物品无法使用只能废弃,形成浪费

工厂需整理现场不需要的物品,始终保持设备干净,消除浪费,减少生产成本

图1.7 整理不必要的物品,消除浪费

1.3.3 3定5S活动的推进须知

1.3.3.1 3定5S活动的改善对象

3定5S活动作为现场改善活动,其改善的对象如表1.8所示。

表 1.8　3 定 5S 活动现场改善对象说明

分类	细分	对象
现场部门	办公室	工作台、过道、桌子、椅子、柜子、照明、窗户、出入门、墙、清扫道具、更衣室、卫生间等
	设备、治具、工具	机器、设备、模具(包括治具、工具)、工具箱、推车等
	材料、零部件	原材料、零件、产品、文件、图纸、作业标准、各种单子等
	其他	安全阀、标识、消火栓、办公用品等
办公区	办公室	会议桌、过道、会议室、黑板、清扫道具、窗户、出入门、墙、柱子、照明、更衣室、卫生间、洗漱室等
	办公设备及工具	OA 设备、办公桌椅、电话机、柜子、表、椅子、垃圾桶等
	其他	文件、图纸、各种标准、办公用品等
工作方法	现场礼仪、规则	打招呼、服装、标识目的地、电话接待、自动销售机、有效率的文件作业、上下班礼仪、限制出入区域、其余各种规定及规则
	遵守安全及作业标准	安全口号,佩戴保护用具,执行安全标准,作业标准及作业指导书,吸烟场所限定
	遵守时间	遵守上班、下班、会议、休息时间

1.3.3.2　3 定 5S 各阶段关系与步骤

5S 活动的推进过程如下所示。

第 1 步:整理阶段,整理现场不必要的物品。

第 2 步:整顿阶段,选定物品及物品放置位置、进行定量存放整顿。本阶段实施的就是 3 定。

第 3 步:清扫阶段,划分清扫的负责区域,把各自负责的区域清扫干净。

第 4 步:保持前面 3S(整理、整顿、清扫)的清洁阶段。

第 5 步:按各个阶段来推进,同时导入目视管理方法,使每个人都能容易理解,进而鼓励全员参与,逐渐形成 5S 工作习惯,即素养。

3 定 5S 各阶段的运作关系及步骤如图 1.8 所示。

在 3 定 5S 活动中,整理、整顿、清扫、清洁、素养(即 5 个 S)之间是紧密联系的,整理是整顿的基础,整顿是整理的巩固;清扫能显现整理、整顿的效果,而通过清洁和素养,则可以使工厂形成一种整体的改善气氛。

1.3.3.3　3 定 5S 各阶段推进目的

5S 活动的推进主要是以整理、整顿、清扫、清洁这 4S 为手段,实现 4S 的素养,最终提高管理水平。

开展 3 定 5S 活动可以提高产品质量,节约成本和遵守交货日期,还能提高安全性和稼动率,而且可以实现产品多样化。3 定 5S 活动各阶段的推进效果和目的如图 1.9 所示。

1.3.3.4　3 定 5S 活动人员职责分工

与 3 定 5S 活动的推进人员相比,现场工作人员应拥有优秀的执行力。

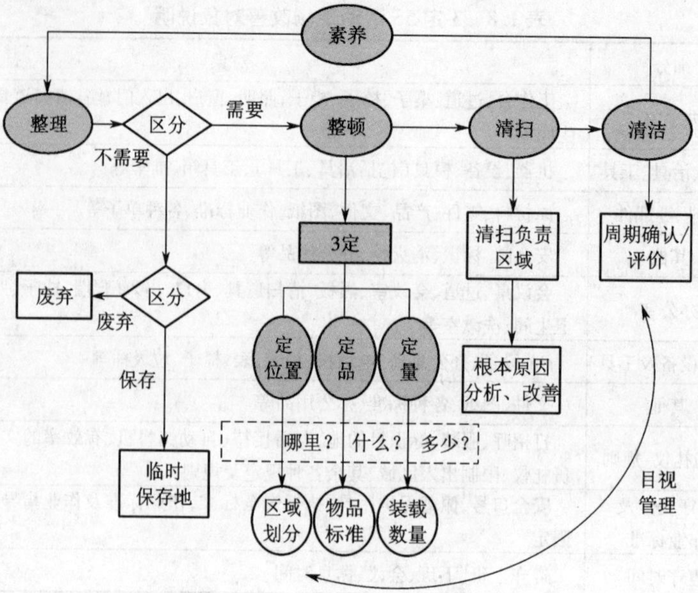

图 1.8　3 定 5S 活动流程图

3 定 5S 活动推进人员和现场工作人员应根据各自的角色来执行 3 定 5S 活动。推进人员要起到示范的作用；现场工作人员一定要遵守相关规定，如发现问题及时报告，以便在第一时间得到上级领导的指示。具体职责分工如表 1.9 所示。

表 1.9　3 定 5S 活动各级人员的职责分工

人员	行动指南	主要职责
推进人员	亲自参加实践，并以实际行动来教导作业人员 不遵守规则时，要在当场给予改正并采取措施 即使中断后续工作，也要在当场改正并要求按规定执行 每天都要巡查作业现场的每个角落，找出问题	决定 3 定 5S 活动的推进 制订和确认 3 定 5S 活动的推进计划 确保推进中的必要场所 准备各种相关规则及确认明细 巡查现场后，制定可用物品、不用物品、废品的区分标准 对作业人员进行培训、指导 与相关部门协调意见
作业人员	要遵守相关规定 理解为什么要遵守相关规定 对无法完成的作业事项要及时向上级提出改善建议并接受指导	执行负责区域内的 3 定 5S 活动 执行过程中的问题改善建议 发现问题和改善、检讨，实施改善

1.3.3.5　3 定 5S 活动导入注意事项

在某种程度上，3 定 5S 活动的导入是改变现场环境或员工精神状态的工作，所以能看出很多不对的地方。工厂要以对现场的爱护心去不断地努力修改错误。

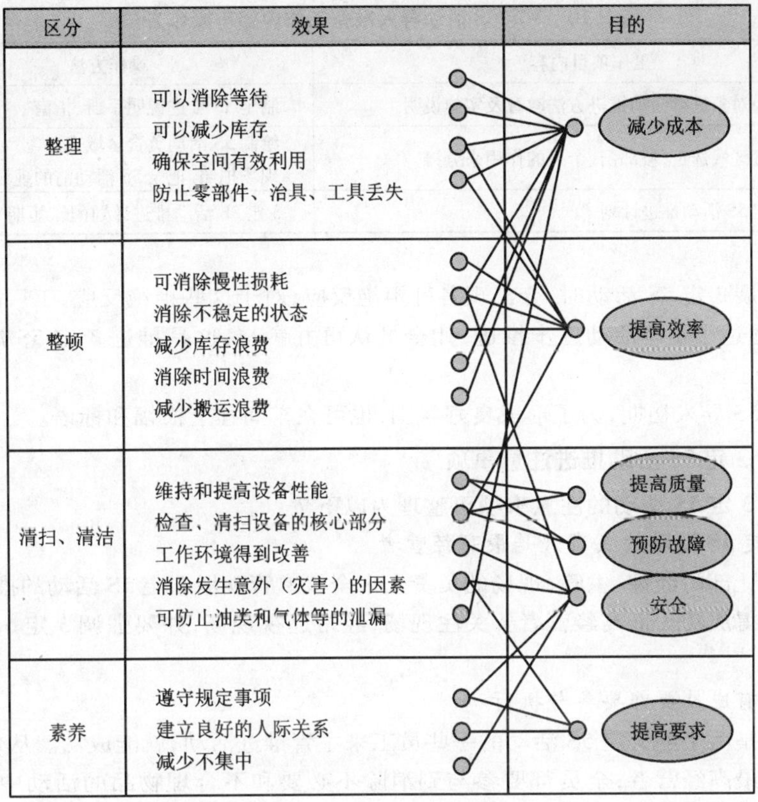

图 1.9　3 定 5S 各阶段的效果与目的

1.3 定 5S 活动导入工作要项

(1)3 定 5S 活动并不需要特别的技巧，需要的是想做的"心"，即是靠意志和相互信赖来推进的。

(2)营造全员参与 3 定 5S 活动的氛围，如举行研究会、发表会，采用颁奖制度等方式。

(3)对于错误的事项，工厂应周期性地向全员宣传相关内容，要求其遵守基本事项。

(4)3 定 5S 活动要以执行为基础，如果没有实际行动，多少人参与都没有意义。规定了地点、数量和方法，就必须要遵守，发现错误时，一定要及时进行指导、改正。

2.3 定 5S 活动导入工作准备

在 3 定 5S 活动导入的准备工作中，工厂需以全员为对象开展 3 定 5S 活动推进方法的教育和说明会，制定并宣讲 3 定 5S 活动推进说明书或指南书。

工厂要对各部门和个人任务进行分工，制订 3 定 5S 推进计划，选定并标识活动负责区域，把活动开展前的现场情况拍下来，以便后期比较改善前和改善后的状态，具体如表 1.10 所示。

表1.10 3定5S活动导入准备工作内容与操作方法

工作项目内容	操作方法
以全员为对象进行活动推进方法教育及实施说明	制定5S推进说明手册、指南
活动负责区域选定,按部门、个人的作用来分摊	绘制5S活动负责区域表 现场拍照,记录5S活动前的现场状态
制订3定5S活动推进计划	3定5S活动推进计划(长、短期)

刚开展3定5S活动时,会出现各种拒绝反应,对于这些拒绝反应,工厂需进行培训指导,通过小团体活动逐步推进,让全员认可并参与,这是推进3定5S活动的第一步。

3定5S导入初期,为了形成良好氛围,也可在车间挂上横幅和标语。

1.3.3.6 3定5S活动推进注意事项

推进3定5S活动的注意事项可整理为以下7点。

1.3定5S活动的负责人是最高经营者

如果让部门经理、主管、现场的负责人来全权掌管现场3定5S活动的推进,那么很难会获得成功。最高经营者要关注现场,经常巡视现场,并要强调3定5S活动的重要性。

2.所有成员要都要参与执行

并不是由了解3定5S活动的一些员工来主管推进活动,就能成功。从现场的工作人员到最高经营者,全员都要参与到消除不必要和不合理物品的活动中,这是现场的3定5S活动成功与否的关键。

3.彻底教育3定5S的真正意义

通过教育、会议等将推进3定5S的主要目的和效果、利益等向全员进行说明,并为他们解答疑问。

一旦开展3定5S活动,工厂有必要展现出通过3定5S活动获得的改善效果。

通过整顿而获得的额外空间当做员工的休息室来使用也是好方法之一。

4.持续性地推进是必要的

在执行3定5S活动的过程中,员工可能会觉得每天都打扫或寻找问题是很麻烦的事情。这种情况下,工厂要把红色标签、牌子、清扫方法等做成说明书来普及,需要持续性地推进。

3定5S活动并不是由特殊的手段使现场得到改善,而是通过持续的努力逐渐使现场得到改善,所以要带着耐性去推进。

5.3定5S活动是永远的

3定5S活动并不是以一次活动就结束的一次性事项,而是工厂要永远地实施下去的。3定5S活动是以1年为单位持续性实施,同时选定整理、整顿的时期来进行集中性的实施。

6.最高经营者要亲自巡查现场

最高经营者要亲自巡查现场,以督促员工整理现场,指导其维持整洁的现场环境。在巡查之前,最高经营者要提前做好引导工作,然后再进行3定5S活动,同时也要突击性地查看非计划检查范围内的区域。

在工厂的传送带底下是否装满了部件、垃圾呢?最高经营者会亲自检查出来并要求改善吗?这一切都与最高经营者的关心程度相关。

7.只有现场人员才能亲自感受到3定5S活动的效果

开展3定5S活动可使现场出现一些额外的空间,但是这一切很少能直接感觉出对现场人员的好处。所以,使现场人员亲身去感受其效果是引导全员参与3定5S活动的好方法。例如,改善前后的照片比较,剩余的额外空间改造成现场人员的休息室、更衣室等。

1.3.4 3定5S活动成功的关键

1.3.4.1 常见的12种抵抗心理

在推进3定5S活动时常见的12种抵抗心理如下所述。

抵抗1:为什么要搞什么整理、整顿!

抵抗2:难道想让我这个总经理来担任3定5S活动的主任委员?

抵抗3:反正很快又会变脏。

抵抗4:并不是做了整理、整顿,就能提高质量水平或生产效率。

抵抗5:连这种鸡毛蒜皮的事也不放过,也太……

抵抗6:整理、整顿之类的事情都已经做好了。

抵抗7:尽管文件很零散,但这种程度我还是能找到的。

抵抗8:那些都是几年前做的。

抵抗9:3定5S活动是生产现场的问题。

抵抗10:忙得没有时间整理和清扫。

抵抗11:不想被你命令。

抵抗12:反正有利润,我爱怎么做就怎么做。

1.3.4.2 领导带头与全员参与

3定5S活动成功的主要条件如下所述。

1.领导以身作则

(1)管理者和领导者要发挥其领导力,树立权威,把握大局。

(2)同时,管理者和领导者要以身作则,做好表率,并经常性地进行现场巡查。

(3)及时对活动提供支持与指导,注意与现场员工进行充分的沟通与交流,激发员工的工作热情。

2.全员自愿参与

管理者和领导者要优先对全员做好3定5S活动重要性的教育工作,使全员自愿参与3定5S活动。营造员工能自愿整理、整顿现场的氛围是3定5S活动走向成功的第一步。

3. 自主推进活动

在3定5S活动中，需明确划分管理者、监督者、领导者的作用，通过活动的标准化，自觉地执行计划事项。

1.3.4.3　鼓励创新与运用工具

1. 鼓励提高创新能力

为了使3定5S活动成为改变现场气氛、消除浪费的活动，在3定5S的基础上，现场员工还要掌握品质控制、IE等技巧，提高创新能力。

2. 有效运用改善工具

现场改善要导出多样的改善办法，并在其中选择最适用的办法来执行。改善初期，工厂往往由于不能打破常规，被固定观念所控制，进而无法进行改善。所以，在改善初期要进行改善方法的相关培训。

1.3.4.4　让遵守规定渐成习惯

遵守规定、执行已规定的事项最为重要。这里指的不仅仅是生产现场作业方法，同时包括上班时间、休息时间、工作服装等相关事项，员工要遵守这些规定，使工厂管理与作业规范化。

规定的事物必须遵守，工厂应对不遵守规定的员工实施处罚，让遵守规定成为习惯。

1.3.4.5　活动成功10大思维方式

3定5S活动并不是某个部门或一个阶层的参与就能成功的，只有全员参与才能真正实现3定5S。3定5S活动的10大思维方式如下所述。

1. 所有人员愉快地进行3定5S活动

不管是什么事，只有感到快乐，人们才能持续地做下去，否则就会感觉很沉闷，不想做。工厂应想出能快乐地推进3定5S活动的方法。

2. 把3定5S活动当做业务的一部分

将3定5S活动当做业务的一部分，作业人员的意识也会有所改变。

3. 把3定5S活动当做改善现场的契机

周期性地开展3定5S活动成功经验的座谈会，提供相互间的鼓励和赞扬、学习的空间，以此为契机来改善生产现场。同时，还要开展相互间检查评价的座谈会。

4. 3定5S不能只是喊口号

赶着做事的作业人员不会跟着监督者和管理者的推进3定5S活动的口号而行动，生产现场附加的各种横幅也不能起到推进的作用。只有管理者、监督者起到模范作用，才能带领大家实施3定5S活动。

5. 生产现场的管理者、监督者要成为3定5S活动的核心推进者

为了3定5S活动的成功，生产现场的管理者、监督者要以推进者的身份，以能让自己快乐的方式来实践3定5S。如果生产现场的管理者、监督者有不良情绪，操作者也会受到影响。

6.3 定 5S 活动的目的是改善工厂的体制

如今的经济环境中，工厂起着很重要的作用，所以要把工厂革新成有弹力而柔软的体制。工厂革新的基本手段是 3 定 5S。

7. 通过 3 定 5S 来培养人才

每个生产现场都需具有领导力的人才来推进活动，工厂可以通过 3 定 5S 活动来培养具有领导力的人才。

8.3 定 5S 是现场改善的核心

在实践中，全员都要以 3 定 5S 为生产现场改善的核心，能快乐地进行推进、提高生产现场的工作效率、改革工厂的基本事项。3 定 5S 活动是通过活动来发现、改善生产现场的问题，力争从选定、维持、习惯规则开始做起，所以 3 定 5S 是改善生产现场问题的核心事项。

9.3 定 5S 活动是消除浪费、节减成本的方法

在生产现场的实际操作过程中，每天都存在着很多浪费，例如搬运的浪费、在制品的浪费、查找产生的浪费等。这些浪费弱化了生产成本的竞争力，工厂须彻底地实施 3 定 5S 活动以排除浪费，增强成本竞争力。

10. 着手于发现浪费是 3 定 5S 的基本

3 定 5S 首先要从找出生产现场中的浪费以及消除不必要的物品开始做起。为了达到这个目标，发现浪费并区分必要和不必要的物品的能力是至关重要的。

1.3.4.6 能力、努力与态度的相乘

生产现场员工的能力、努力、态度将会决定作为生产现场革新基本的 3 定 5S 活动的成功与否。不管缺少以上三项中的哪一项，3 定 5S 活动的成功率均将成为零。

3 定 5S 活动是通过管理者、监督者和全体员工的共同参与来实施的，全体员工要努力使遵守规定的行为习惯化，以提高现场的管理水平。

1.3.4.7 活动成功的 6 大关键因素

3 定 5S 活动成功的关键因素可以整理为以下 6 点，具体如图 1.10 所示。

1	如果要求的太多就会很难实行下去，要按周选定活动主题，分步分项实施
2	要做好具体的活动实施方案，制定 3 定 5S 活动推进方案
3	确定合理的活动目标，目标必须是短时间内可以实现的
4	活动过程中的阶段性成果要突出，让员工看得见、摸得着，可采用公告板、现场看板等方式
5	把活动中正在进行的事项告诉全体人员，形成信息沟通纽带，方式有内部刊物、公告板等
6	活动奖励、激励的焦点不要放在权力、资格、金钱等上，应注重精神激励

图 1.10 3 定 5S 活动成功的关键因素

2 5S 活动基础知识

2.1 5S 绪论

2.1.1 5S 的起源

5S 管理起源于日本，最先重视和进行这方面研究的是从事制造业的质量管理专家。20 世纪四五十年代以前，日本制造的工业品因品质低劣，在欧美市场上只能摆在地摊上卖，面临着被市场淘汰的命运。为此，日本企业认识到只有提升产品质量，抢占国际市场，才能走出困境。这一时期，日本的质量管理专家纷纷从现场管理的角度，提出了许多有利于提高产品质量的实质性做法，这些做法包括：

(1)各种物品按规定、定量摆放整齐；

(2)经常对现场实物进行盘点，区分有用的和没用的，没有用的坚决清除掉；

(3)确定物品放置场所，规定放置方法；

(4)对工作场所经常进行打扫，清除脏污，保持场所干净、整洁。

在这一个时期，显然 5S 管理的系统架构尚未形成，有的只是一些零散的方法与措施，但这对 5S 管理体系的最终形成和发展提供了前提条件。1950 年，日本劳动安全协会提出“安全始于整理、整顿，而终于整理、整顿”的宣传口号，当时只推行了 5S 中的整理、整顿，目的在于确保生产安全和作业空间，后来因生产管理的需求及水准的提升，才继续增加了其余 3 个 S，即“清扫、清洁、素养”，从而形成目前广泛推行的 5S 架构，也使其重点由环境品质扩及人的行为品质，在安全、卫生、效率、品质及成本方面得到较大改善。1986 年，首本 5S 著作问世，从而对整个日本现场管理模式起到了冲击作用，并由此掀起 5S 热潮，使之后的发展成为现场管理中一种有效管理模式。

日本企业将 5S 活动作为工厂管理的基础，推行各种质量管理手法，使第二次世界大战后产品质量得以迅速提高，从而奠定了经济大国的地位。而在日本最有名的就是丰田公司倡导推行的 5S，由于 5S 对于塑造企业形象、降低成本、准时交货、安全生产、高度的标准化、创造令人心怡的工作场所等现场改善的巨大作用，逐渐被各国管理界所认同。随着世界经济的发展，5S 现已成为工厂管理的一股新潮流。

根据企业进一步发展的需要，有的公司在推行 5S 的基础上增加了安全(Safety)一项，形成“6S”，也有的企业加上节约(Save)、习惯化(Shiukanka)、服务(Service)及坚持(Shikoku)，形成“10S”，其内容隐含了 ISO 9001，ISO 14001 和 OSAHS 18001 的范畴，国内不少企业在推行质量、环境、职业健康安全管理体系时导入 5S 管理，取得了事半功倍的效果。但是万变不离其宗，所谓“6S”“10S”都是从“5S”里延伸出来的。

2.1.2 5S的含义

所谓5S,是指对生产现场各生产要素(主要是物的要素)所处状态不断进行整理、整顿、清扫、清洁和提高素养的活动。由于整理(Seiri)、整顿(Seiton)、清扫(Seiso)、清洁(Seiketsu)和素养(Shitsuke)这5个词在日语的罗马拼音中第一个字母都是"S",所以简称为5S,5S可以说是教育、启发、养成良好"工作习惯",以获得高品质工作环境、工作成果的最有效的方法,5S的来历和含义可总结为表2.1。

表2.1 5S的来历和含义

中文	日语罗马拼音	英文	典型例子
整理	Seiri	Organization	倒掉垃圾,长期不用的东西放入仓库
整顿	Seiton	Neatness	30秒内找到要用的物品
清扫	Seiso	Cleaning	谁使用谁清洁(管理)
清洁	Seiketsu	Standardization	管理的公开化、透明化
素养	Shitsuke	Discipline and Training	严守标准、团队精神

5S的定义不是个别独立的,而是彼此互相关联,缺一不可的。整理、整顿、清扫是进行日常5S活动的具体内容;清洁则是对整理、整顿、清扫工作的规范化和制度化管理,以便能够使整理、整顿、清扫工作持续开展,保持好的整理、整顿、清扫水平;素养则是要求员工建立自律精神,养成自觉进行5S活动的良好习惯。依其内容说明可以整理成5S的架构图(见图2.1)。

2.1.3 5S管理的思路

5S管理的思路非常简单朴素,它针对企业中每位员工的日常行为方面提出要求,提倡从小事做起,做每件事情都力求完美,使每位员工都养成做事"讲究"的习惯,从而为员工创造一个干净、整洁、舒适、合理的工作场所和空间环境。5S的倡导者相信,不管企业、公司人员多少,规模大小,是否实施ISO 9001质量管理体系的认证,只要企业中每位员工每天按照5S的要求去做,工作质量就有保证,其最终结果将在改善生产环境、提升生产效率、保证产品质量、创建良好的企业文化和企业形象等方面起到非常显著的效果,从而达到增加顾客满意度与企业美誉度,提升企业综合竞争力的目的。

没有实施5S的工厂,给人的第一印象就是工作现场脏乱。例如生产现场到处存有垃圾,报废的产品;机器设备下面满是油污;通道被各种各样的物品堵塞;产品堆放超高,存有安全隐患。一些新的设备进厂以后,因未按要求进行操作和保养,不久就出现了故障,直接影响企业的正常生产。对于这样的企业,即使是实施了其他先进的管理方法也不会带来实质性的效果,要想彻底地改变这种现状,就要从简单实

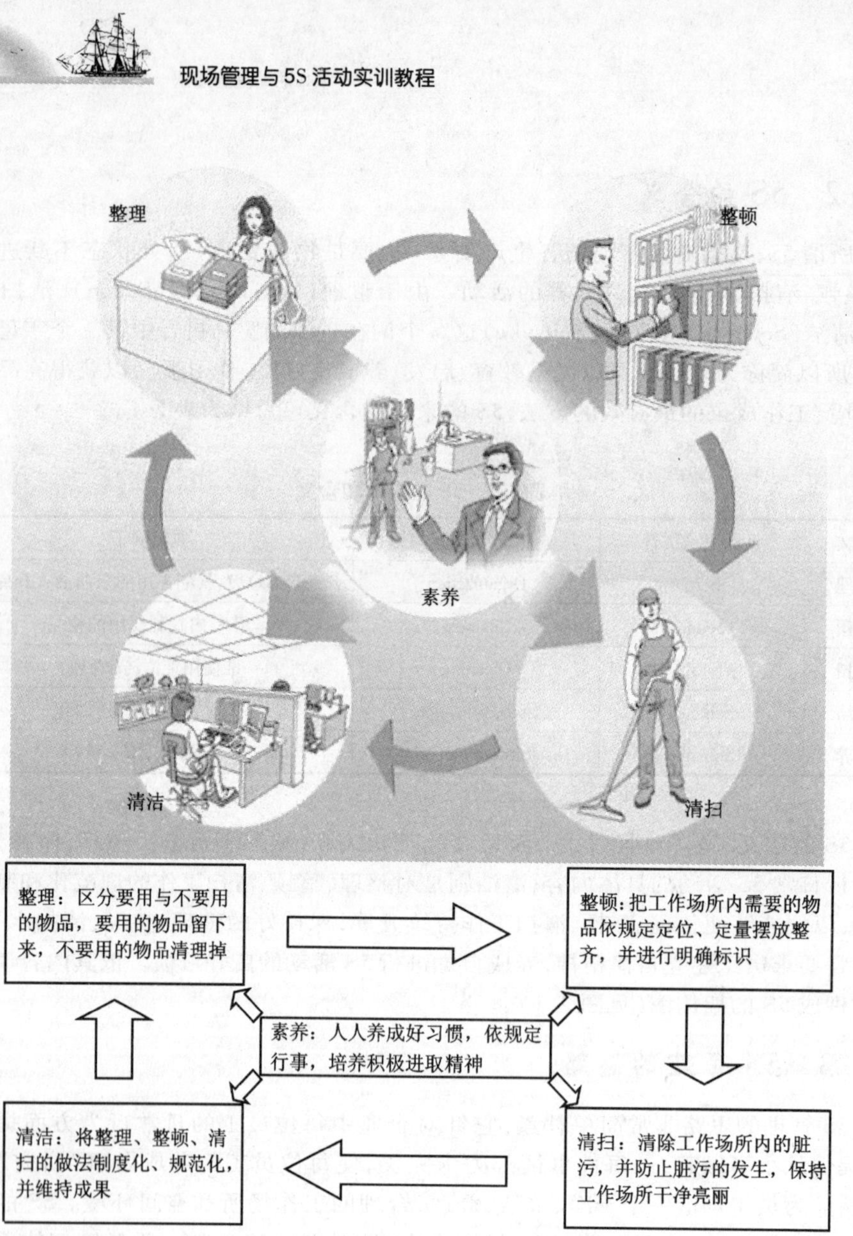

图2.1　5S的定义架构图

用的5S开始。

2.1.4　5S的推行目的

5S活动的目的是什么？很多企业不知道进行5S活动的目的是什么，把5S变成了大扫除，是清洁卫生问题，与生产无关。既然与生产无关，自然是谈起来重要，做起来次要，忙起来不要。其实5S所倡导的优雅的工作环境、良好的工作秩序、严明的工作纪律是提高工作效率、生产精密化产品、减少浪费、节约物料成本和时间成本以及确保安全生产的基本要求。一般来说，推行5S管理可以实现如下目的。

2.1.4.1 提升企业形象

推行5S管理,有助于企业形象的提升。整齐清洁的工作环境,不仅能使自己的员工士气得到提升,还能提高顾客的满意度,有利于吸引更多的顾客与企业进行合作,这方面的事例很多。海尔的工作人员曾向我们讲述这样两件事情:一家日本公司准备在中国投资,在考察了60多家中国企业后,拍板与海尔合作,事后日本这家公司的老板说了一个极简单的原因,他在参观海尔公司的生产线时,趁人不注意摸了一下备用模具,竟未见一丝灰尘,就凭这一点,日本老板用没沾灰尘的手与海尔签了合同。还有一次,另一家日本公司的客商来海尔谈判,他们考察了车间、物流,也去了研发部,可回到会议室谈来谈去,就是拿不定主意。这时,这家商社的社长似乎突然想起了什么,说休息5分钟,就去了卫生间。等回来二话没说就签了协议。后来,海尔的谈判人员才知道,这位社长是去海尔的卫生间"检查卫生"去了,他去摸了摸让人最容易忽视的灯泡是否干净,或许他的逻辑是这样的,如果海尔连卫生间的清洁都能够做好,那么这个企业的产品也一定信得过。因此,良好的现场管理是吸引顾客、增强客户信心的最佳广告。此外,良好的企业形象一经传播出去,就会使5S企业成为其他企业学习的对象。

2.1.4.2 增加员工归属感和组织的活力

5S活动的实施,还可以增加员工的归属感。在干净、整洁的环境中工作,员工的尊严和成就感可以得到一定的满足。由于5S要求进行不断的改善,因而可以带动员工进行改善的意愿,使员工更愿意为5S工作现场付出爱心和耐心,进而养成"以厂为家"的好作风。人人都变成了有修养的员工,有尊严感和成就感,自然会尽心尽力地完成工作,并且有利于推动意识的改善,实施合理化提案以及改善活动,从而进一步增加了组织的活力。

2.1.4.3 减少浪费

企业实施5S的最大目的实际是为了减少生产过程中的浪费。由于工厂中各种不良现象的存在,在人力、场所、时间、士气、效率等方面造成了很大的浪费。5S可以明显减少人员、时间和场地的浪费,降低了产品的生产成本,其直接结果就是为企业增加了利润。

2.1.4.4 安全有保障

减少安全事故的发生,是很多企业特别是制造加工类企业一直努力的重要目标之一。5S的实施,可以使工作场所宽广明亮,地面上不随意摆放物品,保持通道畅通,自然就使安全得到了保障。另外,由于5S活动的长久坚持,可以培养工作人员认真负责的工作态度,这样也减少了安全事故。

2.1.4.5 效率提升

开展"5S"活动能创造良好的工作环境,提高员工的工作效率,如果员工每天工作在满地脏污、到处灰尘、空气刺激、灯光昏暗、过道拥挤的环境中,怎能调动起积极性呢?而整齐、清洁有序的环境,能给企业及员工带来对质量的认识和对质量认识的提高，获得顾客的信赖和社会的赞誉，提高员工的工作热情，提高企业形象，增强企业竞争力。另外，物品的有序摆放，减少了物料的搬运时间，工作效率自然得到了提升。

2.1.4.6 质量有保障

产品质量保障的基础在于做任何事情都要认真严谨，杜绝马虎的工作态度。5S实施的目的就是为了消除工厂中的不良现象，防止工作人员马虎行事，这样就可以使产品的质量得到可靠的保障。例如，一些生产电子产品的生产厂家，对工作环境的要求是非常苛刻的，一颗微米级的尘埃都可能导致价值数万元产品的报废。因此这些企业实施5S就尤为必要了。

2.1.4.7 改善零件在库周转率

整洁的工作环境，有效的保管和布局，彻底进行最低库存量管理，能够做到必要时能立即取出有用的物品。工序间物流通畅，能够减少甚至消除寻找、滞留时间，改善物品在库周转率。

2.1.4.8 提高设备的使用寿命

5S通过对设备的清扫，可以发现可能存在的异常隐患，使其消除在萌芽之中。在清扫过程中对设备进行点检，同时对设备进行保养维修，消除了故障发生的源头，从而提高设备的使用寿命。

2.1.4.9 降低生产成本

通过实施5S，可以减少人员、设备、场所、时间等等的浪费，从而降低生产成本。例如，在5S的清扫过程中，可以发现油路的渗漏，并予以彻底维修，既消除了设备的安全隐患，又节约了费用。此外，在生产现场合理安排机器设备的位置，可以节约工作空间，并减少物品来回搬运的距离。

2.1.4.10 缩短作业周期，确保交货期

由于实施了"一目了然"的管理，使异常现象明显化，减少人员、设备、时间的浪费，生产顺畅，提高了作业效率，缩短了作业周期，从而确保交货期。

5S的推行目的可用图2.2来形象表示。

2.1.5 推行5S的作用

推行5S有八大作用，使亏损、不良、浪费、故障、切换产品时间、事故、投诉、缺勤等八大方面都为零，有人称之为"八零工厂"，如图2.3所示。

1. 亏损为零

推行5S管理能够营造出"对错一目了然"的现场环境，创造令人心旷神怡的生产现场，没有所谓的不良，员工配合度又非常好，则企业良好的口碑在客户之间相传，忠实的客户就会越来越多，知名度也会提高，发展空间也会无限广阔。

2. 不良为零

产品质量保障的基础在于做任何事情都要认真严谨，杜绝马虎的工作态度。5S

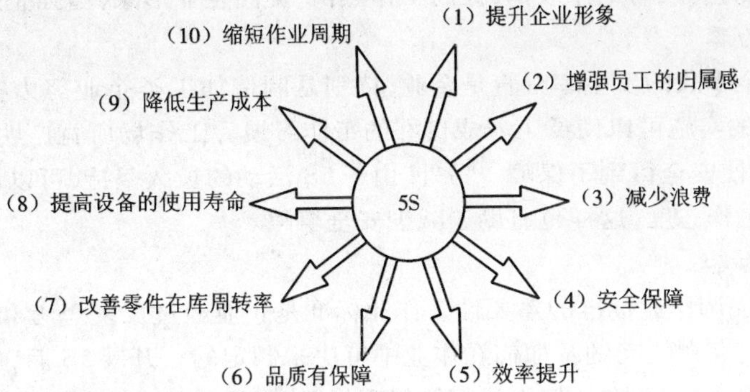

图 2.2 5S 推行的目的

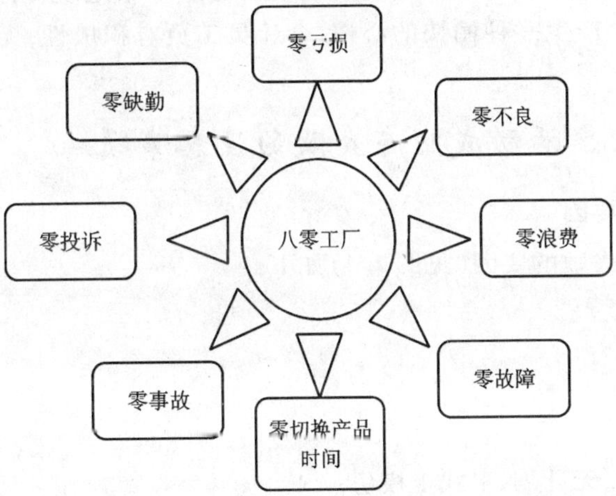

图 2.3 八零工厂

实施的目的就是消除工厂中的不良现象,防止工作人员马虎行事,这样就可以使产品的质量得到可靠的保障,从而降低问题的发生率,奠定了企业产品品质零缺陷的基础。

3. 浪费为零

企业实施5S 的最大目的是为了减少或避免生产过程中的浪费。实施5S 管理能在人力、场所、时间、士气、效率等方面避免很大的浪费,从而降低产品的生产成本,其直接结果就是为企业增加了利润。

4. 故障为零

开展5S 管理,可实现工厂无尘化。没有碎屑、油污,经常对设备擦拭和进行维护保养,设备的使用率和使用寿命会提高。模具、工装夹具管理良好,调试、寻找故障的时间减少,设备更加稳定,综合效能就可以大幅度地提高。

5. 切换产品时间为零

5S 管理有助于企业员工正确执行企业的规章制度,规范生产作业,创造良好的工作环境,提高员工的工作效率,提高工作热情,提高企业形象,增强企业竞争力。

6. 事故为零

降低安全事故的发生率一直是企业,特别是制造加工类企业努力实现的重要目标之一。5S 的实施可以使员工养成良好的工作习惯。工作场所宽广明亮,保持通道畅通,自然就使安全得到了保障。另外,由于5S 活动的长久坚持,可以培养工作人员认真负责的工作态度,这样也有助于减少安全事故。

7. 投诉为零

5S 管理强调作业标准的重要性。作业标准是企业经过反复思考和实践,结合现场作业中可能存在的问题及如何在作业中解决来制定的。开展5S 后,员工们能正确地执行各种规章制度,在任何岗位都能规范作业,投诉自然会降低。

8. 缺勤为零

5S 管理首先是对生产现场的规范化管理。通过不断地改善,生产现场更干净、整洁、有序,员工会产生一种愉快的心情,会让员工更有积极性,无缘无故旷工的情况也会越来越少。

2.1.6 推行5S 活动成功与失败的注意事项

2.1.6.1 失败的要因

推行5S 活动失败的要因(见图2.4)如下:

(1)高层不支持;

(2)中层不配合;

(3)基层抵制;

(4)干劲不足;

(5)心血来潮,无计划,形式上模仿;

(6)缺少系统性概念;

(7)评分标准不明;

(8)主办人员经验不足;

(9)未开展各种竞赛活动维持气氛;

(10)未用看板使结果月月见报;

(11)未制定目标;

(12)没有不断地修正和检讨。

2.1.6.2 成功的要因

推行5S 活动成功的要因(见图2.5)如下:

(1)取得高层主管支持;

(2)全体员工理解5S 的精义和重要性;

(3)确立挑战性目标;

(4)选取活动主题、重点项目;

(5)设立5S 推行组织;

(6)创造5S推展技巧、手法；

(7)运用激发动机的方法；

(8)活动持续不断；

(9)引用外力支援；

(10)建立评价体制。

图2.4 推行5S活动失败的要因

图2.5 推行5S活动成功的强心剂

2.1.6.3 失败的模式

企业推行5S活动，是必须按一定的架构和程序进行的，如果草率地施行，甚至“随兴式”地推行，即听说什么好或想到什么就随意做什么，没有计划、步骤，是注定要失败的。下面是企业推行5S常见的失败模式。

1.模式一：速成法

公司任命某一部门负责5S的推动，根本没有进行计划、宣导工作，甚至基层员工都不清楚何为5S活动，便大张旗鼓地实施5S，并进行竞赛评比、奖惩活动。

这种做法八成以上是无功而返，怨声四起，而且日后重新推行5S活动更将是事倍功半。事实上，连基本的内容和推行要领都不太清楚，哪里谈得上有成功的机会。

> 没有做准备计划工作，
> 结果往往是无功而返。

2.模式二：评分法

在公司内颁布5S推行方法、评分方法，安排主管轮值评分，并将评分成绩公布，要求检讨修正。

这种做法最突出的问题是容易引起争议，评分项目不全，标准不明确，或评分不客观，种种原因都可能引起争议。争议是推行5S活动最大的障碍，在无法达成共识、全员参与的条件下进行5S活动，经过一段时间后，就难以推行下去。

> 5S活动推行最大的障碍是
> 没有共识及存在太多的争议。

2.1.6.4 导入时机的选择

假如企业未曾推动5S活动,在导入时最好能依11个步骤来执行。如果是曾经推动过但不甚理想者,可重新检讨、修正,从各个步骤中确认执行过程中最薄弱的部分并加以改善,重新营造5S活动的新鲜气氛,并下定长久持续的决心。

在导入的过程中,导入时机把握的好坏也是5S活动能否顺利推行的重要影响因素,如果在不恰当的时机导入,例如在生产旺季、人员流动率高、士气低迷等时导入,则会事倍功半。一般较为理想的导入时机为:

(1)新厂成立时;

(2)新生产线导入时;

(3)新产品或新技术引进时;

(4)新的管理模式革新时;

(5)新年度开始时;

(6)员工较稳定,干部有提升管理水平意愿时;

(7)配合其他管理活动一起推动时。

2.1.6.5 5S活动备忘要点

1. 正确的心态

5S活动没有速成班,唯有以"长期抗战"的心态来维持,才能达到5S最需要的目的,让员工由"每天把垃圾打扫干净"转变为"不丢垃圾、保持整洁",依准备、导入、成长的次序有计划、有系统地去实施。

2. 持续推进的要领

1)维持5S意识

(1)公司与全体员工都必须永远抱着要推进5S的心情。

(2)5S的信息,最高主管的巡视,海报标语,5S加强月等工具应运用自如,经常维持新鲜的心情。

2)要制造5S改善的机会

(1)需要实施改善活动的引起动机。

(2)5S创意竞赛活动等亦非常有效。

3)赋予对5S的动机

(1)自己职场的水准提高多少?大家是否认同它?

(2)实施定点摄影或优秀职场表扬。

3. 对公司水准赋予动机

(1)公司的5S水准现在已达到什么程度?

(2)目标在何处?

(3)再提升多少水准,就能超过其他竞争厂家,或赶上标杆厂家?即要明确公司的5S水准,从而推进5S活动。

持续推进的5S活动如图2.6所示。

2.2 5S的前期准备

5S的前期准备工作非常重要，就好像运动员参加比赛之前要进行热身运动一样，对比赛的最终结果有着举足轻重的作用。前期工作做得好、做得扎实，在活动过程中可以少走弯路，避免由于措施、方法未到位而影响活动的正常开展。5S的前期准备应做好如下几项工作。

图2.6 持续推进5S活动

2.2.1 制定活动程序

任何一项活动的导入，必然有一个循序渐进的过程，5S活动的开展也不例外，在活动的导入前期，发起人(单位)要对整个活动的过程有一个深入的了解，并根据活动的范围、规模、内容等方面进行安排，制定切实可行的实施程序，以便后续工作的开展。5S的活动程序如表2.2所示。

表2.2 5S活动程序表

活动项目	职责					简要说明
	高层领导	推行委员会	培训部门	相关部门	员工	
决策	□		○	○	○	高层领导的决策是活动成功的关键
成立组织	□	○	△	△	○	活动深入发展的动力
制定方针目标	△	□	△	△	○	活动的框架和努力方向
制订实施计划	△	□	○	○	○	活动成功的保证
建立考核标准	△	□	○	○	○	考核标准应以目标为参照系
培训教育	○	○	□	△	○	培训教育的重点是改变观念
样板区5S活动	○	○	△	□	△	样板区是为了取得经验、树立榜样
总结、改进	△	□	△	△	○	总结经验、吸取教训、发扬成绩、改进方法
活动全面展开	△	□	○	○	○	在全公司范围内开展5S活动
检查、考核、评比	○	□	△	△	△	检查、考核活动的实施效果，评比先进
成果发布	△	□	△	△	○	展示自我，体会成就感
持续改进	△	□	○	○	○	PDCA循环

注：□表示组织部门；△表示协助部门；○表示执行部门

2.2.2 成立推行组织

为了有效地推行5S活动,需要建立一个符合企业自身条件的推行组织——5S推行委员会。推行委员会主要由下列人员构成。

主任委员1名,通常由企业主要负责人担任,如总经理,常务副总经理等,这样便于协调上下级关系,有利于活动的开展。

副主任委员1~3名,视企业的规模而定,一般规模较大的企业人数可多些。副主任委员通常由企业的副职和综合部门的领导人担任,如企业的副总、总工程师、办公室主任、生产部长等。

委员若干名,主要由各职能部门的领导人担任,也可由同属于一个责任区的几个部门共同推荐产生,推荐产生的委员可以是部门领导,也可是一般员工。

秘书1名,通常由委员兼任,应懂管理,有一定的文字功底和组织协调能力。

所有委员会的成员必须经企业最高领导层同意批准,形成文字,并以企业的文件形式下发给各相关部门。

2.2.3 制定目标方针

5S方针为企业建立并保持5S管理体系提供了总的宗旨和方向,是企业开展5S管理工作的行为准则与工作原则的表述,是5S管理成效与意图的体现。

5S方针为5S目标的建立提供了框架,是组织制定5S管理目标的依据和出发点,同时也是企业倡导和推进5S的根本动力,5S活动是以其为中心展开的。

制定目标方针应遵循的原则和注意事项见表2.3。

表2.3 制定目标方针应遵循的原则和注意事项

应遵循的原则	应注意的事项
(1)与企业宗旨相适应	(1)相关性原则
(2)抓住要点	(2)先进性原则
(3)作为5S目标订立的框架和基础	(3)可实现性原则
(4)全员理解	(4)可测量性原则
(5)及时评审修订	(5)时间性原则

2.2.3.1 制定5S方针应遵循的原则

1. 与企业宗旨相适应

5S方针应根据企业宗旨、发展战略制定,不同的企业由于其企业的类型目的不同,其经营宗旨各不相同,所以5S方针也应有所不同。

2. 抓住要点

抓住要点,是要向全体员工表达出一种信心和决心。5S方针是全员对5S理解支持的聚焦点,应该通过方针,向全体员工说明推行5S的意义和最终目标,传达管理层的信心、决心和期望。还应考虑因文化水平的差别,尽量使用简明易懂的语言表达。

3. 作为5S目标订立的框架和基础

5S方针是企业建立5S体系目标的框架和基础。5S方针指出了企业总的宗旨和方向，而5S目标是对企业总的宗旨和方向的具体落实。所以5S方针应切实可行，不能空洞和不切实际。

4. 全员理解

为达到5S方针的最终实现，应做好宣传贯彻工作，在企业内得到充分沟通和理解，使各级人员认识到所从事的5S活动的重要性及如何为实现本部门的5S目标作出贡献。

5. 及时评审修订

应对5S方针进行持续适宜性方面的评审，必要时予以修订，以适应不断变化的内外部条件环境。

2.2.3.2 制定5S目标的注意事项

在制定5S目标时，应符合以下“五性”的原则要求。

1. 相关性原则

制定5S目标，应切切实实地与企业的产品、活动、职责、资源等情况相关，为提高公司的整体水平的目标服务。同时要同企业的具体情况相结合，比如企业场地紧张，但现场摆放凌乱，空间未有效利用，应该将增加可使用面积作为目标之一。总之，与企业无关或关系甚小的目标内容应坚决剔除。

2. 先进性原则

既然是目标，就应该是尚未实现的、不付出努力是达不到的。这些目标应具有先进性，或者说具有挑战性，如此才能激发员工的改善意识和拼搏精神，为实现自己的和组织的目标而努力。假如目标定得过低，不能激发工作热情，这样的所谓目标也没意义。

3. 可实现性原则

目标的先进性，并不是说目标定得越高越好。目标定得过高不好，这是因为超过努力的极限也无法实现的目标，会挫伤员工的积极性和信心。努力而不可及的目标，是无意义的。

4. 可测量性原则

如果不能制定出定量目标，也应制定出定性目标，从而使这些目标是可被监视的、可被测量的、可被考核的或能被控制的。

5. 时间性原则

目标有一定的时限性，决定了由谁做、做到什么程度，还必须明确在什么时候完成，这样才会给实施者一定的压力，保证整体进度。有时限要求的目标，对评价考核也有所帮助。

2.2.4 加强理论宣传

宣传可以起到潜移默化的作用，旨在从根本上提升员工的5S意识，通过教育宣传，使5S理念深入人心。

5S的前期宣传工作主要有以下几种形式。

2.2.4.1 企业简报

企业简报是企业与员工互相沟通的载体，通过发行简报，可以把5S活动的有关信息传递给全体员工，使他们及时了解活动的重要性和目的性，让每一位员工在知情的基础上热爱企业，为企业献计献策。同时，可开展5S征文活动，对优秀文章在企业简报上发表，引导他们对活动重要性的认识，这对日后活动的正式实施非常重要。图2.7为某单位发行的有关5S活动的企业简报。

图2.7 企业简报

2.2.4.2 宣传栏

企业宣传栏是企业文化建设的一个窗口，企业开展5S活动，也是企业文化建设的一个重要组成部分。利用这一窗口，把企业推行5S的宗旨、理念介绍给每一位员工，以营造一个良好的活动氛围，使活动更容易获得全公司员工的理解和支持。

在5S活动开展时把改善前后的照片贴在宣传栏等醒目的地方进行展示，对参加改善工作的员工所做出的成绩加以肯定，充分激发员工的成就感和自豪感，同时也可以起到鞭策和鼓励后进员工的作用。另外还可以通过评分考核及竞赛结果的公布增强员工的集体荣誉感，以激励员工更加努力地工作，见图2.8。

2.2.4.3 标语牌

某公司挂在车间门口的5S标语牌，如图2.9所示。标语牌可渲染活动气氛，既起到宣传作用，又起到鼓励和推动作用。同时还可以制作一些精美的5S标语，张贴在工作现场，以增强现场活动的气氛，标语的尺寸以280 cm×870 cm为宜。

2.2.4.4 企业内部局域网/网站

企业内部局域网/网站是开展5S活动的一个重要平台。利用这个平台可以将企

图 2.8　宣传栏

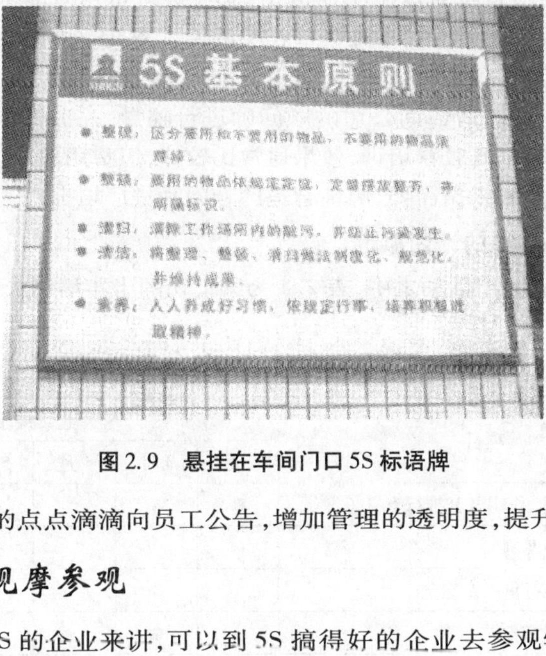

图 2.9　悬挂在车间门口 5S 标语牌

业推行 5S 过程中的点点滴滴向员工公告，增加管理的透明度，提升员工参与的热情。

2.2.5　外出观摩参观

对即将实施 5S 的企业来讲，可以到 5S 搞得好的企业去参观学习，通过观摩 5S 成果发布会感受推行 5S 活动所带来的效果，从而坚定实施 5S 活动的决心和信心。

2.2.6　教育培训

5S 教育培训是实施 5S 活动必不可少的重要环节，通过 5S 教育培训，使广大员工充分认识开展 5S 活动能给自己的工作带来好处，从而主动去做。5S 提倡的是自主管理，虽然它与国内的文明生产、现场管理等内容相似，但在推行方法上两者却不尽相同。有专家指出：国内许多企业主要热衷于口号、标语、文件的宣传及短暂的活动（运动），似乎相信在厂区多树立一些诸如“员工十大守则”就能改变一个人，提升人的品质，从而忽略了员工的教育培训。这种没有结合日常工作的空洞口号、运动，对提升人的品质几乎没有任何帮助，而国外的一些知名企业，他们把5S看做现场管理必须具备的基础管理技术。5S明确具体做法，什么物品放在哪里、如何放置、数量多少、如何标识等等，简单有效，且融入到日常工作中。这种“从小事做起，有规定按规定去做”的工作作风，就是不断强化对员工教育培训的结果。

2.2.6.1 5S教育培训的方法和内容

5S的教育培训通常是与活动实施同步进行的。培训方法按授课形式可分为课堂培训和现场培训两种，按师资来源可分为自行培训和外力培训两种。

课堂培训就是组织员工在教室里进行集中培训，通过对5S一些理论知识的讲解和案例分析，使员工有一个理性的认识。

现场培训是让员工回到自己的工作现场去，在老师的指导下，对自己的工作环境进行改善，加深对5S理论知识的了解和运用，掌握5S的应用方法和技巧。

自行培训是企业自身对员工组织的培训，一般教员由本企业员工担任，这些教员通常在企业实施5S活动前，参加一些相关的专业培训和现场观摩，或买一些参考书或碟片，先行积累一些经验，然后对员工实施培训。

外力培训是企业聘请咨询公司的顾问师进行辅导，一般需要半年到一年时间，引进外力对企业实施5S教育培训，效果通常比较好，但费用较高。目前，我国这类的咨询公司很多，企业可根据需要，聘请合适的顾问师进厂培训。

2.2.6.2 5S教育培训的计划拟定

5S培训始终贯穿于活动之中，表2.4为某公司的半年培训计划安排。

表2.4 5S培训计划

序号	项目	进度要求					
		2月	3月	4月	5月	6月	7月
1	5S起源、目的、作用及其推行意义	●					
2	推行5S管理案例	●					
3	整理、整顿推行重点及案例		●				
4	整理、整顿现场指导		●				
5	清扫、清洁、素养推行重点及案例			●			
6	清扫、清洁、素养现场指导			●			
7	检查表的编制方法及其操作				●		
8	红牌作战及其现场操作				●		
9	目视管理、看板管理应用技巧					●	
10	提案改善方法					●	
11	成果发布会						●
12	持续改进，PDCA循环，考试						●

在日本，一个贴商标的工人必须经过两年的培训才能上岗，对于这么简单的一种工作，为什么要这么做呢？因为他们需要的是能够在最高工作境界下工作的员工。对于任何企业来说，员工培训的时间没有规律，但培训是无时不在的。

2.2.6.3 考核检查

为检验培训的效果，了解员工对5S知识的了解程度，培训结束时，需对学员进行一次理论知识考核。考核的方法通常采用书面考试，对考试成绩合格者应记入个人档案，作为员工今后业绩考核依据之一，不合格者应补考直至合格为止。

2.2.7 样板区的5S活动

为了不断地提升员工的5S意识水平，选择一个样板区，集中力量对这个区域进行改善，使之达到一个较理想的水平，让员工从样板区中所取得的改善成果中认识到推行5S活动的意义，以及自己的工作场所与其之间存在的差距。

2.2.7.1 开展样板区5S活动的必要性

1.使全面推行5S活动更加简单有效

对一些规模比较大的企业，由于车间、分厂分布在不同的地点，各部门的职责不尽相同，认识上也有一定的差异，在这种情况下，要所有的部门协调一致地开展5S活动，操作上有一定的难度。因此，可以指定某个部门作为样板区，首先在这些地方开展5S活动，等样板区取得成效后，让其他部门来观摩学习，以提高他们对活动的认识，增强改善的主动性，这样，就会使全面推行5S活动变得简单有效得多。

2.改变员工观望、怀疑的态度，给员工以信心

一个企业，如果过去搞过5S活动而后来又停滞中断的话，员工对重新开展这项活动就必然会有抵触情绪或持怀疑态度。要改变这种状况，唯一的办法就是改变过去的做法，并设法在短期内使5S活动显现出成效，给员工以信心。指定一个样板区，在样板区内彻底做好5S，是达到这一目的捷径。

3.重新激活员工参与5S活动的热情

全面开展5S活动3个月以上，如果还是“涛声依旧”的话，员工中就会产生消极情绪，领导也会出现动摇，严重时可能导致5S无法开展下去。为了避免这种情况的发生，可选择5S活动中问题最多、工作开展迟缓的部门或责任区作为样板区，集中公司优势兵力彻底帮助这个部门或责任区推进5S活动。当这个部门或责任区的5S水平得到根本提高的时候，就要因势利导地在所有部门进行强有力的推广，这样可减少5S推行过程中的阻力，消除疑虑，重新激起员工对5S活动的热情。

2.2.7.2 样板区的选择原则

样板区5S活动的目的就是要在公司范围内找到一个突破口，并为大家创造一个可以借鉴的样板。为了达到这样一个目的，在选择5S活动样板区的时候应注意以下事项。

1. 选择硬件条件差、改善难度大的部门作为样板区

如果选择一个硬件条件好(比如说新建的厂房、新买的设备等)的车间或部门，短期的5S活动很难创造出令人信服的，特别是能够产生视觉冲击力的5S效果。相反，选择一个硬件条件差，改善难度大的车间或部门，通过短期集中的5S活动，将使管理现场得到根本的改变，特别是一些长期脏、乱、差的地方得到了彻底的改观，将对员工产生巨大的视觉冲击。使样板区真正发挥样板区的作用。

2. 选择具有代表性的部门作为样板区

在选择5S活动样板区时，还应考虑所选择的样板区应有一定的代表性，现场中所存在的问题具有普遍性。只有这样，改善的效果才有说服力，才能被大多数人认同和接受。不然，就很难达到预期的效果，也就不能给其他部门提供示范和参考。

3. 所选择样板区的责任人改善意识强

要想样板区的5S活动在短期内见效，选择改善意识比较强的负责人尤为重要，否则，再好的愿望都将会落空。

2.2.7.3 建立5S样板区的主要步骤

建立5S样板区的主要步骤包括：指定样板区、制订活动计划、样板区人员培训与动员、样板区问题点的记录与分类改善、决定5S活动的具体计划、集中对策、进行5S活动成果的总结与展示。每个步骤都有其特定的工作内容，如表2.5所示。

表2.5 建立5S样板区的主要步骤

活动步骤		内容
1	指定样板区	根据具体情况(现状和负责人对活动的认识)确定样板区
2	制订活动计划	制订一个1~3个月的短期活动计划
3	样板区人员培训与动员	对主要推动人员进行培训 对样板区全员进行活动动员和知识培训
4	样板区问题点的记录与分类改善	记录所有5S问题点(以照片等形式) 分类改善：①整理对象清单；②整顿对象清单；③清扫、修理、修复及油漆对象清单
5	决定5S活动的具体计划	决定整理、整顿、清扫、修理、修复、油漆的具体计划(时间、地点、人员、材料、工具等)
6	集中对策	根据日程计划进行集中对策
7	进行5S活动成果的总结和展示	以照片等形式记录改善后的状况(定点摄影)，将改善前后的照片等进行整理对照 对活动进行总结和报告，把有典型意义的事例展示出来

值得注意的是，5S样板区的活动必须是快速而有效的。因此，应该在短时间内突击进行整理，痛下决心对无用物品进行处理，进行快速的整顿和彻底的清扫。另外，5S样板区的活动成果应该用报告、组织展览和参观的形式向全体人员进行展示，

从而获得高层领导的肯定和关注，赢得全体员工的支持。

2.2.7.4 5S活动全面实施

在经过上述准备工作之后，5S即可进入全面实施阶段。这时，公司最高管理者应召集全体人员举行宣誓大会，强调5S活动推行的决心，公布活动正式开始的日期以及期望达到的目标。

3 整理活动

3.1 整理活动的理解

3.1.1 识别缺乏整理的浪费

生产现场常堆积着很多物品,其中有些物品是可能会被使用的,所以放置在现场,但是这些物品如果很长时间内没用上,不但占用了空间,而且堆积了很多灰尘,可能无法继续使用。这些不必要的物品、库存会引起许多浪费,具体如图 3.1 所示。

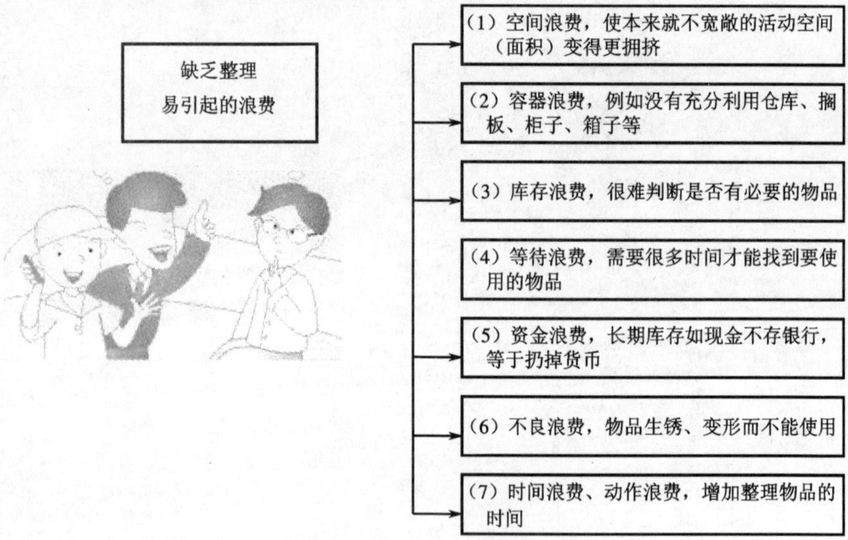

图 3.1 缺乏整理易引起的浪费

3.1.2 明确整理活动的目的

整理活动为 5S 活动的第一阶段,指区分必要和不必要的物品,清理不必要物品的活动。通过这个阶段,工厂可以减少不必要物品所占的空间,确保必要的物品所占的空间。

整理活动的目的主要有如下 5 点。

(1)消除不必要物品、不良品,使现场无杂物,保持过道通畅,扩大作业空间,提高效率。

(2)方便使用,减少碰撞,保障生产安全,提高产品质量。

(3)防止误用、误送,消除材料差错,减少查找时间。

(4)排除浪费,减少库存,节约资金。

(5)使员工心情舒畅、工作热情高涨。

3.1.3 把握整理活动的内容

在开展整理活动时,工厂需要制定区分不必要和必要物品的标准,并按此标准消除不必要物品。整理活动工作内容与操作方法如下(如图3.2所示)。

(1)制定区分不必要和必要物品的标准。

(2)大扫除,实施红牌作战,区分出不用物品、不需物品。

(3)进行列表编日,制作登记不用物品、不需物品的账簿。

(4)按规定处理不用物品、不需物品。

(5)作业人员每日进行自我检查,达成并维持整理效果。

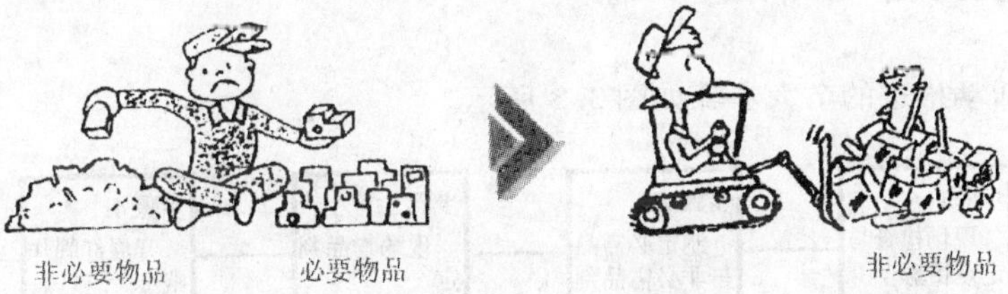

图3.2 整理活动工作内容与操作

3.1.4 掌握整理活动的难点

整理活动有许多难点与问题,并不是简单地收拾后又整齐地放置废品,具体如下。

1. 常见的现象

不用的杂物、设备、材料、工具都堆放在现场,使现场变得杂乱。

2. 常见的问题

(1)因嫌搬运麻烦而不整理,造成现场杂乱无章。

(2)大件物品好不容易才放到现有的位置,又要按照3定5S活动的要求进行整理,觉得过几天发完以后再调整位置,结果惰性成为习惯,难以改正。

(3)个别员工存在抵触情绪,如"为什么别人管理的物品不如我的整齐都不指出,而偏偏就找出我的缺点,太不公平了"。

3. 活动的难点

(1)要克服舍不得丢弃无用品的吝惜观念。

(2)对必需品与非必需品进行分类。

(3)克服对搬运不便的设备存有的惰性心理。

3.1.5 抓住整理活动的要领

工厂需根据其实际情况，结合整理活动的难点与问题分析，抓住活动的重点，确保顺利地、有效地开展整理活动。

(1)对生产现场(范围)进行全面检查，包括看得到和看不到的地方。

(2)制定“必需品”与“非必需品”的判别标准，并进行相关培训，使每个人都掌握必需品和非必需品的区分方法。

(3)及时判断非必需品并及时处理，不可堆积几天或几个月后再处理。

(4)制定废弃物处理方法，按需要选定废弃的场所。

(5)管理者、监督者需立即准确地判断必需品和非必需品。

(6)调查必需品的使用频率，确定日常用量。

(7)要让相关人员认识到整理不善会导致哪些浪费，进行每日自我检查。

3.2 整理活动推进步骤

整理活动推进的 7 大步骤如图 3.3 所示。

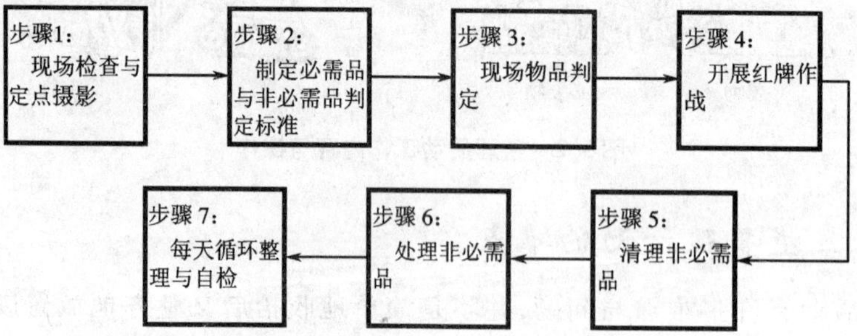

图 3.3 整理活动推进的 7 大步骤

3.2.1 现场检查与定点摄影

3.2.1.1 现场检查

工厂需对生产现场进行全面检查，检查时需遵循“看得见的要整理，看不见的更要整理”的原则。例如设备的内部、桌子的底部都是在进行现场检查时应特别注意的地方。

具体整理检查对象如表 3.1 所示。

表 3.1 整理活动现场检查对象

序号	检查对象	具体内容
1	地面	机器设备、工具、模具,不良的半成品、材料,置放于各个角落的良品、不良品、半成品,油桶,油漆,溶剂,黏合剂,垃圾桶,纸屑,竹签,小部件等
2	工装架	不用的工装,损坏的工装,其他非工装物品,破布、手套、酒精等消耗品,工装是否合用等
3	天花板	导线及配件、蜘蛛网、尘网、部门指示牌、照明器具等
4	暂存区	原材料、储存架、柜子、箱子、标识牌、标签、垫板等
5	办公区	抽屉,文件柜的文件、书籍、档案、图表,办公桌上的物品,测试品,样品,公告栏,看板,墙上的标语、月历等
6	室外	堆在场外的生锈材料、料架,垫板上的未处理品、废品、扫帚、拖把、纸箱等

3.2.1.2 定点摄影

3 定 5S 活动人员在进行现场检查的同时,需进行定点摄影(如图 3.4 所示)。

定点摄影指在同一地点、同一方向,将工厂的死角、不符合 3 定 5S 原则的地方用同一部相机(或摄像机)拍摄下来,并在大家都能看到的地方公布展示。

定点摄影的目的是为了激发员工的改善意愿,同时工厂可对活动后的结果进行再次拍摄并公开展示,与活动前的情况进行对比,掌握、评估改善的成果。

图 3.4 定点摄影

3.2.2 制定必需品和非必需品判定标准

3.2.2.1 “必需品”与“非必需品”的判定

必需品与非必需品的判定标准如表3.2所示。

表3.2 必需品与非必需品的判定标准

类别	基准分类	
必需品(现场生产作业中需要使用的物品)	正常的机器设备、电器装置等 叉车、推车、拖车、堆高机等 尚有使用价值的消耗品等 栈板、周转箱、防尘用具等 使用中的清洁用具、用品等 有用的文件资料、表单记录、书报、杂志等	工作台、板凳、材料架等 正常使用的工装夹具等 原材料、半成品、成品等 办公用品、文具等 各种可使用的看板、海报等 其他必要的私人用品等
非必需品(现场生产作业中不需要的物品)	地板	废纸、杂物、油污、灰尘、烟蒂等 损坏的办公用品 不能或不再使用的机器设备、工装夹具等 呆滞物料和过期品等 破烂的栈板、图框、塑料箱、纸箱、垃圾桶等
	工作台	过时的文件资料、表单记录、书报、杂志以及多余的资料等 私人用品、破压台玻璃、破椅垫等 损坏的工具、样品等
	墙壁	过期和老旧的海报、看板 坏掉的信箱、意见箱、指示牌 过时的挂历、损坏的时钟、没用的挂钉等 蜘蛛网
	天花板	不再使用的各种管线等 不再使用的吊扇、挂具等 老旧无效的指导书、工装图等
备注	“非必需品”包括“不要品”和“不急需品” “不急需品”指能够再使用,但是使用频率低或不能放在当前位置的物品	

3.2.2.2 按使用频度区分必需品与非必需品标准

工厂可在判断物品的重要性的基础上,根据物品的使用频率来决定它的管理方法(见表3.3)。如一支笔的使用频率是每周、每天或者每个小时,它便是经常使用的,便是“必需品”。所有人员都要用恰当的方法来保管必需品,以便于寻找和使用。

表3.3 按使用频度整理的物品区分标准

序号	使用频度	分类(区分)	处理方法
1	1年连1次也不使用的	非必需品(不要品)	废弃

续表

序号	使用频度	分类(区分)	处理方法
2	6个月至1年之间只使用1次的	非必需品(不急用品)	放置远处
3	1个月使用1次左右的	非必需品(不急用品)	集中放置
4	1周使用1次以上的	必需品	集中放置、放在操作范围内
	每天使用1次以上的		放在操作范围内或随身携带
	每小时都使用的		

3.2.2.3 按材料、设备工具的使用情况判定

工厂可根据材料、设备工具等的使用情况判定物品是必需品还是非必需品。具体判断标准如表3.4所示。

表3.4 根据材料、设备工具等的使用情况整理的物品判定标准

类别	内容	判定	处理
材料	超出适当量的原材料	非必需品	按原材料处理规定处理
	因材料或质量等问题造成生产中断的材料	非必需品	7日内可生产再改的保管在暂存区 7日内不可以生产再改的归还并保管在材料仓库
	季节性产品长期没有生产的材料	非必需品	
	单一种类的产品的材料	非必需品	返还并保管在材料仓库
	材料变更	非必需品	变更其用途,使用时间等需明确责任人
	不良的材料	非必需品	保管在规定的场所后变卖、废弃等
	操作不良的材料	非必需品	
设备工具	与产品生产没有关联的	非必需品	保管在规定的储存场所
	等待修理或定期检查、校正的	非必需品	保管在规定的储存场所
	因故障而无法使用的或已废弃的	非必需品	保管在规定场所后变卖废弃
其他	除班长所用桌子外所有现场的桌子	非必需品	根据物品对象及保管位置判定方法处理
	没有整理而数量过多的公告板	非必需品	
	没有装部件或用来当做保管箱的材料箱	非必需品	
	其他现场、休息室、更衣室没有使用的状态下放置的物品	非必需品	

3.2.3 现场物品判定

全厂开展整理活动时,需掌握必需品、非必需品的判定标准与处理方法,判断物品是否必需、可用。

现场人员在整理物品时一般可根据判断标准提出5个问题(见图3.5),并根据

回答结果对不同物品进行判定与处理。

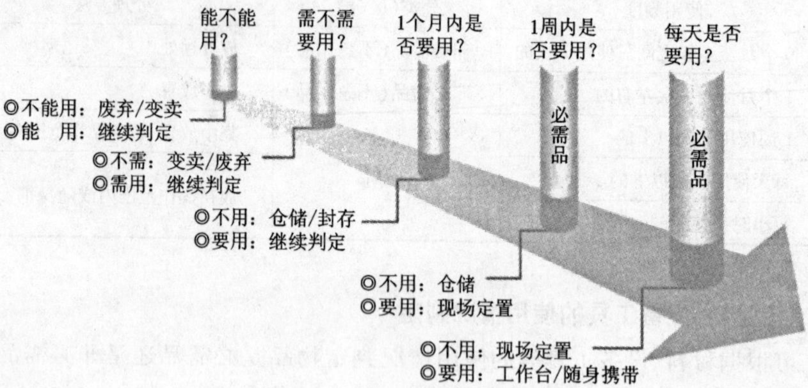

图 3.5 整理活动过程 5 问

在一般情况下,1 个月内不用的物品都可移出现场,仅留下必需品(即第 4 个问题后)。

3.2.4 开展红牌作战

3.2.4.1 红牌作战描述

红牌作战是用来使每个人都能一目了然地看到工厂里的物品的整理方式。

(1)红牌尺寸一般为 B5 大小的红色纸张,以显示危险,引人注意和重视。

(2)整理阶段的红牌作战一般由 3 定 5S 推进人员带头组织,将红牌挂在他们所认为不需要的物品上。

(3)当无法清楚地判定某一特定物品是需要或不需要时,仍将红牌挂上。

(4)各相关部门、人员在要求的时间内按照改善要求进行整改,最后由 3 定 5S 推进办公室进行效果验收,验收合格后将红牌撤销。

3.2.4.2 红牌的样式

红牌的样式(示例)如表 3.5 所示。

表 3.5 红牌的样式(示例)

编号:

项目区分	□物料 □地面 □看板 □产品 □墙壁 □办公设备 □电器 □门窗 □运输设备 □作业台 □文件 □更衣室 □机器 □档案 □厕所		
红牌编号		红牌位置	
红牌原因			
发行人		改善期限	

续表

改善要求	
改善责任人	
改善方案	
改善结果	
效果确认	确认者：

3.2.4.3 整理活动红牌作战实施要点

运用红牌作战的主要目的是寻找生产现场中可以改善之处。在整理活动过程中，红牌作战的实施要点如下所示。

(1)挂红牌的对象包括设备、搬运车、踏板、工具、夹具、刀具、桌椅、资料、模具、备品、材料、产品空间等。

(2)挂红牌的现象为非必需品、用途不明的物品、质量不良的产品、标识不明的物品等。

(3)不要让现场的员工自己贴红牌。

(4)红牌要挂在引人注目处，不要贴在员工身上。

(5)对于有疑问的对象，先贴上红牌。

(6)有待改善的地方必须挂红牌。

(7)要集中挂红牌，时间跨度不可太长。

3.2.4.4 整理活动红牌作战记录

红牌作战需进行详细记录，记录内容需包括挂红牌的原因、责任部门、责任人、改善要求、改善方案等。红牌作战记录跟踪表如表3.6所示。

表3.6 红牌作战记录追踪表

区域		责任人		检查人	
红牌编号	存在问题描述	改善方案	红牌日期	承诺完成日期	实际完成情况

3.2.5 清理非必需品

工厂需严格执行必需品与非必需品的判定标准，根据红牌作战结果，严格区分出必需品与非必需品，现场留下需要的物品，彻底清理不需要的物品，清理非必需品时必须注意以下4个事项。

(1)在红牌作战中，将无法清楚地判定是必需品还是非必需品的物品也挂上红牌，活动人员在判定清理时，需询问现场作业人员，最终得出正确的结果。

(2)必需品的判定没有绝对标准，需根据工厂的实际情况和市场情况修正。

(3)对非必需品进行整理时，判断这些物品是否有保留的价值，并弄清保留的理由和目的。

(4)主要判断物品的使用价值，而不是原来的购买价值。

注：应设定必需品的最大存放量。

清理完必需品后，工厂必须决定必需品的最大存放量，避免生产现场因存放过多而造成空间的浪费，无法真正做到“整理”。

3.2.6 处理非必需品及改善

被整理出生产现场的非必需品需及时进行处理，避免因堆积而造成无谓的浪费。

3.2.6.1 非必需品的处理流程

非必需品的处理流程如图3.6所示。

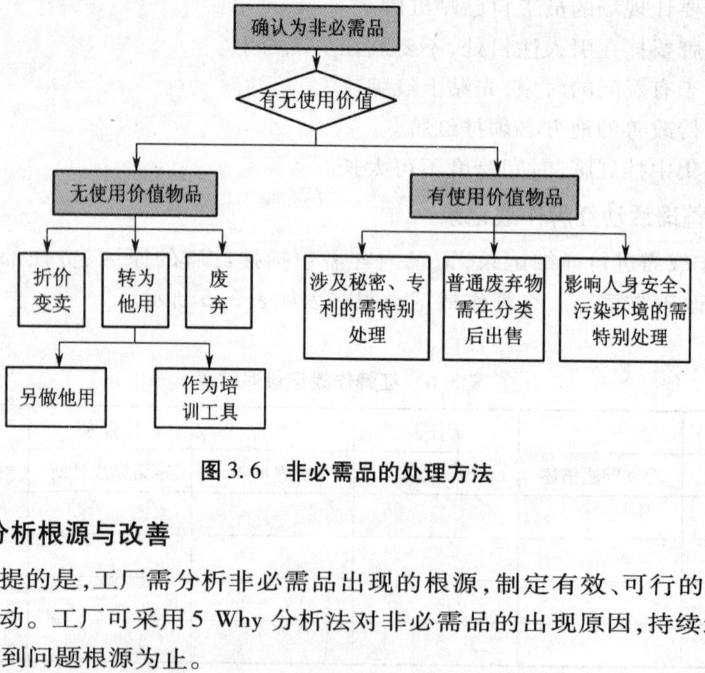

图3.6 非必需品的处理方法

3.2.6.2 分析根源与改善

值得一提的是，工厂需分析非必需品出现的根源，制定有效、可行的改善措施，进行改善活动。工厂可采用5 Why分析法对非必需品的出现原因，持续地问“为什么”，直到找到问题根源为止。

5 Why分析法在3定5S中的运用示例。

5 Why分析法在整理活动中的运用举例

一、现象

××印刷厂的生产现场地面上出现许多纸张。这些纸张是非必需品，需清理出现场,并消除此类现象。杜绝浪费。

二、对现象的5 Why分析

问题1:为什么地上有那么多纸张?回答1:因为产品掉页了。

问题2:为什么产品会掉页?回答2:因为近期的胶粘不牢。

问题3:为什么胶粘不牢?回答3:因为新热熔胶达不到粘贴要求。

问题4:为什么不采用空调进行温度控制?回答4:因为空调线路故障。

问题5:为什么空调线路会出现故障?回答5:因为电路改造导致的破坏。

三、问题解决

现场人员及时将信息反馈至工程部门,工程部门相关人员进行电路检修,空调设备正常运转后,现场人员根据热熔胶要求进行温度和湿度控制,消除产品掉页问题。

3.2.7 每天循环整理与自检

生产现场所有人员均需养成每天循环整理和自我检查的习惯,需明确树立正确的整理工作意识(如以下4点所述),有效开展整理活动,达成整理工作的要求。

(1)整理是5S的开始,是开展5S活动中首先要实施的项目。

(2)整理是一个循环的工作,是一个永无止境的过程。

(3)现场每天都在变化,昨天的必需品今天有可能会成为非必需品,判断物品的标准不是一成不变的。

(4)根据需要随时进行整理工作,明确原则、大胆果断地将非必需品加以处置。

3.3 整理活动具体实施

3.3.1 设备工具整理

设备工具类主要包括生产设备、工具、量具、模具、治具等。其整理方法及整理登记表如表3.7~3.10所示。

1. 设备整理方法

表3.7 整理活动中设备整理方法

设备整理步骤		具体操作
1	判定必需品与非必需品	回答以下问题: (1)现有设备是否在使用?完全闲置的设备是否不需要? (2)闲置的设备经整修后是否能使用? ①整修后能使用的,结合维修费用进行判断 ②整修后难以使用的应丢弃

续表

设备整理步骤		具体操作
2	必需品存量设定	根据设备现有数量是否需要修正做如下判断 (1)提高运转率,削减设备数量 (2)在制品定额以及对新产品进行估算,决定需要的设备数量 (3)因设计改善,是否可集中有效运用 (4)判定投资效益,有效益的给予实施,无效益的维持现状
3	非必需品处理	处理方法如下: (1)调整折旧年限 (2)在设备账面上予以注销 (3)折价出售或予以丢弃处理 (4)无法作出最终处理决定的,则暂时安置在其他地方,视情况处理

2. 工具、量具的整理方法

表3.8 整理活动中工具、量具的整理方法

整理步骤		具体操作
1	判定必需品与非必需品	(1)换线/模用工具、生产工具为必需品 (2)其他工具,如半个月以上不使用的工具不应放置在现场
2	必需品存量设定	(1)经常使用的工具应置于线上 (2)作业场所共同使用的工具应置于容易取用的地方
3	非必需品处理	(1)应考虑其他作业现场运用 (2)关系部门或工厂内统一管理

3. 模具、治具的整理方法

表3.9 整理活动中模具、治具的整理方法

整理步骤		具体操作
1	判定必需品与非必需品	(1)生产定量产品所需要的模具、治具为必需品 (2)临时生产产品,使用者应视库存予以划分
2	必需品存量设定	(1)模具、治具的数量应根据生产的产品而定 (2)综合考虑必要状况进行保存
3	非必需品处理	登记台账,用与设备相同的方法处理

4. 设备工具类物品整理登记表

表 3.10 设备工具类物品整理登记表

整理日期： 经办人：

设备工具名称/型号		设备工具编号	
使用地点		用途	
保管场所		保管期限	
责任部门		责任人	
存放条件要求			
整理结果	判定	□必需品 □非必需品（□可再用品 □废弃品）	
	现场存量		
	非必需品处理		
决策与会签者	□总经理 □生产经理 □车间主任 □班组长 □作业人员		

3.3.2 材料部件整理

材料部件类主要包括原材料、零部件、包装材料等。其整理方法及整理登记表如表 3.11 ~3.14 所示。

1. 原材料的整理方法

表 3.11 整理活动中原材料的整理方法

整理步骤		具体操作
1	判定必需品与非必需品	判定材料是否需要使用、判定材料是否可使用
2	必需品存量设定	以生产的产品需要为准
3	非必需品处理	搬至指定场所、供其他方面使用、予以出售处理

2. 零部件的整理方法

表 3.12 整理活动中零部件的整理方法

整理步骤		具体操作
1	判定必需品与非必需品	明确划分定量产品、特价产品及其他，根据其判断零部件是否为必需品
2	必需品存量设定	(1)定量产品、特价产品以生产的产品为准 (2)线上在制品以当天使用量为准，为经常使用的物品设置固定存放场所
3	非必需品处理	以生产的产品为准

3. 包装材料的整理方法

表 3.13　整理活动中包装材料的整理方法

整理步骤		具体操作
1	判定必需品与非必需品	按照是否使用进行判定
2	必需品存量设定	生产线上的最大存量以一周为准
3	非必需品处理	①能使用的置于指定场所,集中保管 ②不能使用的予以出售、废弃处理

4. 材料部件类整理登记表

表 3.14　材料部件类整理登记表

整理日期:　　　　　　　　　　　　经办人:

材料部件名称		材料部件编号	
使用地点/工序		用途	
保管场所		保管期限	
责任部门		责任人	
存放条件要求			
整理结果	判定	□必需品　□非必需品	
	现场存量		
	非必需品处理		
决策与会签者	□总经理　□生产经理　□车间主任　□班组长　□作业人员		

3.3.3　生产产品整理

产品主要包括成品、在制品等。其整理方法及整理登记如表 3. 15 ~ 3. 17 所示。

1. 成品的整理方法

表 3.15　整理活动中成品的整理方法

整理步骤		具体操作
1	判定必需品与非必需品	明确划分定量产品、特价产品及其他(不需要物品)
2	必需品存量设定	(1)定量产品,改善生产的方法、削减库存量 (2)特价产品,根据业务状况设定库存量、每半年相应调整 1 次
3	非必需品处理	修整后可利用的产品经批准后予以再用;废弃申请批准后予以废弃处理

2. 在制品的整理方法

表 3.16 整理活动中在制品的整理方法

整理步骤		具体操作
1	判定必需品与非必需品	明确划分定量产品、特价产品及其他(不需要物品)
2	必需品存量设定	(1)定量产品、特价产品以生产的产品为准 (2)线上在制品以生产计划内的数量为准
3	非必需品处理	以生产的产品为准

3. 产品整理登记表

表 3.17 产品整理登记表

整理日期: 经办人:

名称型号		产品编号/工序号	
保管场所		保管期限	
责任部门		责任人	
存放条件要求			
整理结果	判定	□定量产品 □特价产品 □非必需品	
	现场存量		
	非必需品处理		
决策与会签者	□总经理 □生产经理 □车间主任 □班组长 □作业人员		

3.3.4 异常物品整理

异常物品主要包括不良品、不明品等。其整理方法如图 3.7 所示。

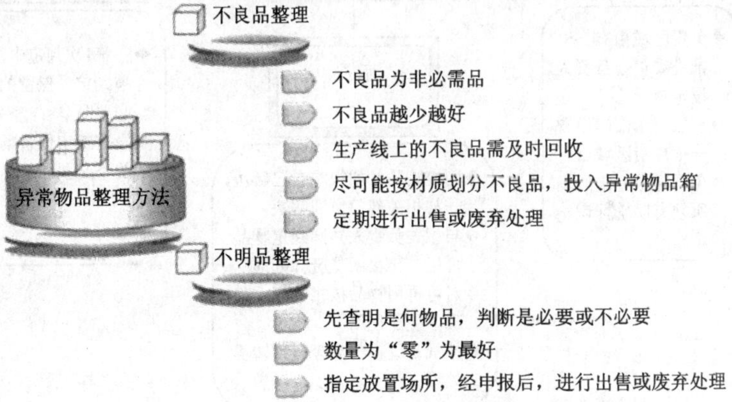

图 3.7 异常物品整理方法

3.3.5 作业台/椅整理

作业台/椅的整理方法如表3.18所示。

表3.18 整理活动中成品的整理方法

整理步骤		具体操作
1	判定必需品与非必需品	(1)检查是否存在没有被使用的作业台/椅 (2)检查作业台/椅是否适用于该作业工种 (3)检查作业台上是否堆放了各类物品 以上3种情况下的作业台/椅均为非必需品
2	必需品存量设定	(1)设定必要的作业台/椅数量 (2)对作业台/椅进行改造,减少尺寸或改变形状,以便更适合作业人员或节省空间
3	非必需品处理	(1)非必需品从现场予以搬离 (2)处理方式包括给予其他部门使用、仓库暂时保管、出售、丢弃等

3.3.6 免责区域管理

整理活动中,被判定为保留的不必要物品和没有指定保管场所的物品集中放置的场所称为免责区域,该区域内的物品不追加整理责任。

免责区域是为了提高不用物品/不需物品的处理速度而专设的临时保管场所。免责区域的运营管理如图3.8所示。

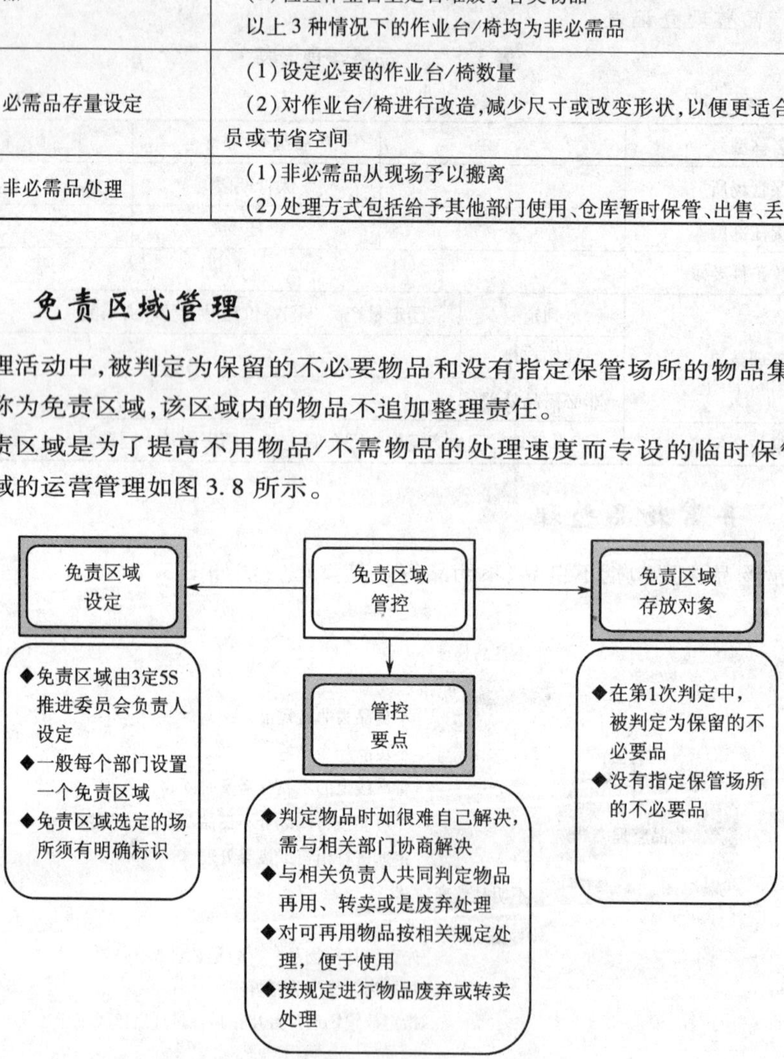

图3.8 免责区域的运营管理

3.3.7 其他物品整理

其他物品整理方法如表 3.19 所示。

表 3.19 现场其他物品整理方法

其他物品	判定必需品与非必需品	必需品存量设定	非必需品处理
搬运工具	明确是否经常使用,分析搬运作业,决定适合的搬运工具 制定必需品与非必需品划分标准	搬运数量、搬运次数经估算后决定使用数量	不要的搬运工具另行管理 调到其他部门使用、出售或丢弃
清扫工具	是否随时可以使用	尽可能共用,确定必要数量	挑选能够使用的集中保管
空的容器	明确是否需要使用 不需要的空箱考虑用在他处	根据库存记录及流动量算出必要箱数 生产线上置放箱数以2小时以内的使用数量为准	剩余空间及不要的空箱应搬出指定场所 一定时间(约6个月)后再判断为必需品或非必需品 如判断为非必需品,则进行出售或废弃物处理
揭示物/板(公告、标语)	确定揭示期限,逾期为非必需品 依揭示的必要性及价值进行判定	依揭示内容考虑其反应性,将揭示场所确定在必要最小的空间	应分析不要的揭示物/板是否可作其他用处 揭示物/板无其他用处的作废弃处理
边角料	一定为不需要物品,但无法避免其出现	以产品的生产量及边角料产生率为准	及时从作业现场搬出指定场所,进行变卖或废弃处理
票据、文件等	判断是否需要使用	在生产线上放置当天使用部分 最多以一个月为准	存档或废弃处理

3.4 整理活动推进工具

3.4.1 物品整理判定表

物品整理判定表如表 3.20 所示。

表 3.20 物品整理判定表

编制日期： 编制部门： 编制者：

物品分类	名称型号	整理标准	最后使用日期	保管地点	处理判断	判断人	评语
设备 工具							
产品							
在制品							
作业台							
工作桌 工作椅							
不良品							
原材料							
包装 材料							
…							

3.4.2 不明物品明细表

不明物品明细表如表 3.21 所示。

表 3.21 不明物品明细表

序号	注册日期	管理编号	当前位置	分类	名称	规格	数量	金额	原因	负责部门	审查	措施
1												
2												
3												
4												
…												

3.4.3 无用物品处理记录

无用物品处理记录如表 3.22 所示。

表 3.22 无用物品处理记录

物品名称	数量	保管地点	处理内容	负责人	期限	处理确认

注：物品难以判定时，由负责人进行确认处理，并于每个月月末确认处理情况。

3.4.4 废弃品处理申请单

废弃品处理申请单如表 3.23 所示。

表 3.23 废弃品处理申请单

申请人		申请部门	
申请报废物品			
名称		型号	
编号		使用年限	
原用途		原值	
管理部门		存放地点	
申请报废理由			
审批、处理意见			
部门经理意见			
设备技术部意见			
行政部意见			
财务部门意见（请提供相关财务数据）			
总经理审批			

3.4.5 月度弃置物品清单

月度弃置物品清单如表 3.24 所示。

表 3.24 月度弃置物品清单

场地	物品名称	数量	标签制作者	评价结果	评价者	最终处理
备注	制表人需将一个月内未曾使用的物品记录在内，评价者以现在是否使用为标准进行评价					

3.4.6 弃置物品标签范例

弃置物品标签范例如表 3.25 所示。

表 3.25 弃置物品标签范例

挂牌时间：			
名称型号		物品编号	
最后使用地点		最后使用日期	
使用目的		维修状态	
处理部门		处理责任人	
处理判定		处理期限	
备注			

3.4.7 弃置物品处理记录

弃置物品处理记录如表 3.26 所示。

表 3.26 弃置物品处理记录

编制日期： 编制部门： 编制者：

名称型号	最终使用日期	使用地点	用途	保管地点	保管期限	处理判定	处理日期	会签

3.4.8 整理活动查核表单

整理活动查核表单如表 3.27 所示。

表 3.27　整理活动查核表单

项次	检查项目	等级	得分	查核标准
1	通道状况	1 级	0	有很多东西,环境脏乱
		2 级	1	通行不畅,叉车(台车)不能通行
		3 级	2	摆放的物品超出通道范围,并无警示牌
		4 级	3	超出通道,但有警示牌
		5 级	4	很畅通,又整洁
2	工作场所设备、材料	1 级	0	1 个月以上不用的物品摆放杂乱
		2 级	1	角落放置不必要的物品
		3 级	2	放置半个月以后要用的物品,且杂乱
		4 级	3	放置 1 周内要用的物品,且整理规范
		5 级	4	放置 3 日内使用的物品,且整理规范
3	办公桌、作业台、工作椅	1 级	0	不使用的物品摆放杂乱
		2 级	1	放置半个月才用 1 次的物品
		3 级	2	放置 1 周内要用的物品,但过量
		4 级	3	放置当日使用物品,但杂乱
		5 级	4	桌面及抽屉内均为最低限度,且整齐
4	料架	1 级	0	杂乱存放不使用的物品
		2 级	1	料架破旧,缺乏整理
		3 级	2	摆放不使用的物品,但整齐
		4 级	3	料架上的物品整齐摆放
		5 级	4	摆放近日需使用的物品,很整齐
5	仓库	1 级	0	塞满东西,人不易行走
		2 级	1	东西摆放杂乱
		3 级	2	有定位规定,但没有严格遵守
		4 级	3	有定位也在管理状态,但进出不方便
		5 级	4	任何人均易了解,退还也简单
合计		级		
备注		一级(差)、二级(较差)、三级(合格)、四级(良好)、五级(优秀)		

3.4.9　整理活动推进方案

以下是某工厂 3 定 5S 推进活动中整理活动的推进方案,仅供读者参考。

整理活动的推进方案

一、目的

为规范工厂工作现场的整理活动，区分必需品与非必需品，有效推进3定5S活动，提高工作效率和产品质量，特制定本方案。

二、适用范围

本方案适用于工厂内部3定5S推进过程中的整理活动。

三、整理活动目标

1. 腾出空间，增加作业面积。

2. 减少库存，节约资金。

3. 减少失误现象发生的可能性，提高生产的安全性。

4. 消除管理死角，提高产品质量。

5. 塑造整洁、清爽的工作场所，使员工心情舒畅，工作热情高涨。

四、实施主体

1. 3定5S推进办公室负责整理活动的策划、组织、监督执行及效果评估工作。

2. 生产现场各部门人员负责具体的整理工作。

五、实施时间

整理活动应作为一个循环过程，在生产现场每月定期执行。

六、现场检查

3定5S推进办公室组织生产现场员工进行工作现场范围内的全面检查。具体检查内容见表3.28。

表3.28 整理活动检查内容列表

检查区域	检查内容
生产作业区域	(1)机器设备、模具、零部件等 (2)操作台面、机器设备上摆放的物品 (3)工作场地及角落堆放的成品、半成品、不良品、材料、工具、垃圾等 (4)生产现场中各类容器及其所装物品
现场办公区域	(1)文件柜、抽屉内的文件、书籍、档案、图表等 (2)办公桌上放置的物品 (3)看板、公告栏、标语、月历及各类办公用具等
室外生产区域	(1)堆放在场外的材料、废品、半成品、不良品等 (2)散放的工具、闲置的设备等 (3)杂草、纸屑、垃圾等
现场仓库	(1)原材料、半成品、成品、用具、设备等 (2)废料、不良品、坏损的设备与用具 (3)存料架、柜、箱、标识牌、标签等
墙壁、天花板	(1)各种导线、照明器具、标识牌、指示牌 (2)蜘蛛网、尘网等

七、必需品与非必需品判定

（一）判定权限规定

非必需品的判定如表3.29所示的权限进行。

表3.29 非必需品判定权限分配表

物品类别	初步判定权限者	最终判定权限者
一般物品	车间主任	生产主管
材料、零部件、成品	生产主管	生产经理
机器设备	生产经理	工厂总经理

（二）判定标准

必需品与非必需品判定标准如表3.30所示。

表3.30 必需品与非必需品的判定标准

物品判定结果	判定标准
必需品	（1）经常使用的 （2）缺少时需要购入代替品、影响正常生产的 （3）在标准存量范围内的
非必需品	（1）使用周期较长的 （2）对目前生产无任何作用的 （3）超出生产需要存量的

八、物品的处理

（一）必需品的处理

必需品的处理办法如表3.31所示。

表3.31 必需品处理办法

必需品类型	处理办法
经常使用的物品	摆放在生产作业人员的身旁或附近
不经常使用的物品	摆放到较远的位置
偶尔使用的物品	安排专人保管
需耗费较长时间取用的物品	只留下必要的数量在生产现场

（二）非必需品的处理

非必需品的处理办法如表3.32所示。

表3.32 非必需品处理办法

非必需品类型	处理方法	具体操作
材料、零部件、设备、工具等	改用	改用于其他项目或其他有需要的部门
不良品、故障设备等	修理、修复	对其进行修理、修复,恢复其使用价值
由于其他客观原因无法使用的物品	折价出售	向供应商退货,或者以较低价格出售,以回收价款
确实无法发掘其使用价值及商品价值的物品	废弃	本着资源再利用的原则,在不影响环境的条件下进行废弃处理

(三)报废处理程序

1. 由物品所在部门向5S推进小组提出废弃申请。

2. 5S推进小组对申请进行受理,并交至技术部门和其他相关部门对物品价值进行鉴定。

3. 由设备管理部门对其再利用的可行性进行分析,并向5S推进小组反馈信息。

4. 经设备管理部门确认无再利用价值后,5S推进小组交至财务部门对物品价值进行确认。

5. 经财务部确认无价值后,5S推进小组编制废弃计划,报总经理批准。

6. 5S推进小组组织实施废弃处理,填写废弃处理申请单,并保留单据备查。

7. 财务部门进行相应的账面销账处理。

(四)非必需品预防控制

1. 生产部门各主管根据生产计划严格控制领料数量和用具的领用,防止员工领取多余的原材料和生产用具。

2. 对于多余的原材料,零部件及各类用品、用具,应及时退回仓储部门。

3. 生产主管应随时检查产成品和半成品的数量,及时办理入库,控制生产进度,预防堆积。

4. 生产过程中的不良品应定期进行修复或废弃处理。

九、整理活动评价

(一)评价标准

整理活动结束后,由3定5S办公室组织进行整理评估,对各生产区域进行整理效果评价。评价标准如表3.33所示。

表3.33 整理活动评价标准

项目	检查标准	得分	备注
通道	(1)物品堆放过多,无法通行,且脏乱,得0分 (2)虽能通行,但要避开杂物,不能正常通行,得5分 (3)杂物超出通道,但有警示牌,得10分 (4)通畅,但周围物品不够整洁,得15分 (5)通道畅通、整洁,得20分		

续表

项目	检查标准	得分	备注
设备周围及操作台	(1)1 个月以上未用的设备或物品杂乱堆放,得 0 分 (2)放半个月以后要用的东西,且杂乱,得 5 分 (3)1 周内要用,但无整理,得 10 分 (4)1 周内要用,且整理好,得 15 分 (5)3 日内使用,且整理很好,得 20 分		
料架	(1)杂乱存放不使用的物品,得 0 分 (2)摆放不使用的物品,但较整齐,得 5 分 (3)料架上摆放近日需使用的物品,但较为杂乱,得 10 分 (4)摆放物为 3 天内需使用的物品,很整齐,得 15 分		
现场仓库	(1)东西摆放杂乱,得 0 分 (2)有定位规定,但没被严格遵守,得 5 分 (3)有定位规定,有管理,但不满足“先进先出”原则,得 10 分 (4)严格定位,有效管理,物品摆放有序、整洁,得 15 分		
台面及抽屉	(1)不使用的物品杂乱堆放,得 0 分 (2)摆放半个月才用一次的物品,得 5 分 (3)摆放 1 周内要使用的物品,但摆放较为整齐,得 10 分 (4)台面及抽屉内物品均为当日使用,且整齐,得 15 分		
文件柜	(1)私人文件与公用文件混杂,无用、重复、过期的文件充斥其间,得 0 分 (2)有所整理,无非必需品,但较为杂乱,得 5 分 (3)文件按照分类进行保存,排列较为整齐,得 10 分 (4)文件归类整齐,标识明确,易于查找,且对重要文件进行备份,得 15 分		
合计			

(二)结果运用

整理活动效果的评价结果分为 5 等,具体划分标准及处理办法如表 3.34 所示。

表 3.34 整理评价结果处理

等级	划分标准	处理措施
S	90 分(含)~100 分	工厂会议上进行表彰并颁发奖状,责任人员月度奖金提高 20%,现场张贴光荣榜
A	70 分(含)~90 分(不含)	由 5S 推进小组对其区域内不合格项目进行复查,直至合格
B	50 分(含)~70 分(不含)	区域负责人员接受 5S 培训,限期改善现场不合格项,月度奖金扣减 20%
C	50 分(不含)以下	月度会议上提出批评,责令限期改正不合格项,责任人员月度奖金扣减 50%

(三)结果申诉

对考核结果有意见者,可直接向 3 定 5S 推进办公室或委员会进行申诉,如对 3 定 5S 推进办公室或委员会的解释仍存有意见,可向工厂总经理提交报告,进行申诉。

4 整顿活动

4.1 整顿活动(3定)的理解

生产现场常会出现以下情况。

设备出现故障,现场维修人员花费了30分钟找到修理零件及所需要的工具,而正式修理只需要5分钟。

完成某些任务的过程中发生了30分钟的查找行为。为什么会发生这种事情?

第一,没有定好适量保管的数量,导致不必要的物件过多地堆积。

第二,没有定好置放位置,不清楚物品在哪。

第三,尽管选定好置放位置,但指定位置没有标识。

第四,使用后不归还到指定位置。

在整理活动中,生产现场清除了不必要的物品,只剩下必要的物品,但是其数量和使用方法也是个问题。必要的东西过多或损坏多也会造成浪费,因此接下来需要整顿。

整顿就是将整理后的状态可视化,并使之便于维护。

整顿工作如同地图中的经纬度,标示好物品的位置,以便每个人都可以轻易找到。

任何员工都能够知道其所需物品的位置及数量,而且能轻易取到是整顿的关键点。也就是说,减少询问、移动、寻找等浪费的方法之一就是整顿。

4.1.1 识别缺乏整顿的浪费

整顿可以有效地防止浪费的发生,如果没有做好整顿工作,会使员工找不到其需要使用的物品,造成时间和空间的浪费,同时还会造成资源浪费与短缺,使一些质量优良的物品沦为“废品”,使废品占据重要的位置。整顿活动如图4.1所示。

缺乏整顿的浪费(如寻找的浪费)是导致巨大浪费的潜在原因,潜在的浪费不断积累,会造成更大的浪费。缺乏整顿引起的浪费如图4.2所示。

4.1.2 明确整顿活动的目的

整顿其实是一门研究如何提高效率的科学,它研究如何能立即取得物品或放回原位,并使之标准化,形成一种习惯。

整顿的目的是在相关位置贴上标签,记录物品的名称、数量及位置编号,使任何人,只要按规定行动,就不用浪费时间去寻找其所需要的物品。

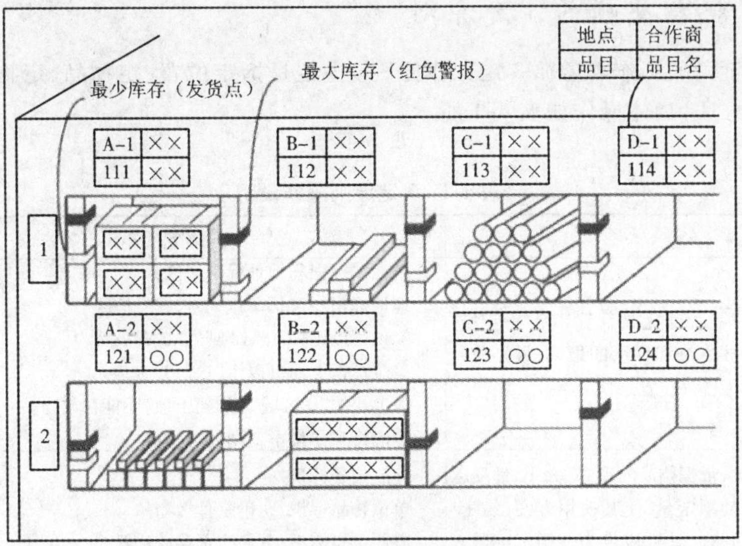

图 4.1 整顿活动

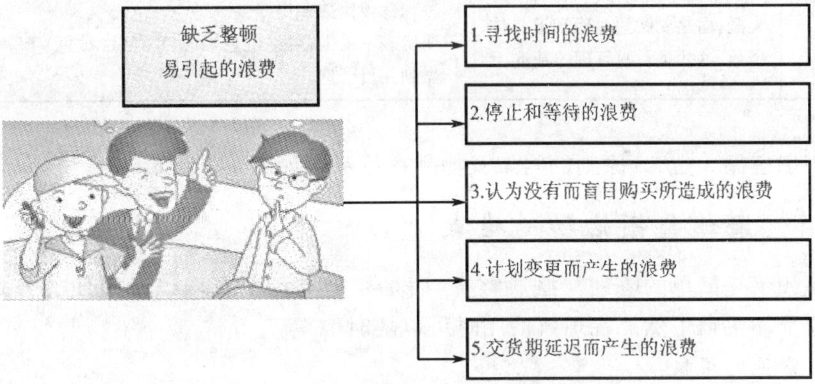

图 4.2 缺乏整顿引起的浪费

整顿活动的 7 大目的如下所述。

目的 1：使现场一目了然，所有物品随时保持立即可取的状态，实现目视管理。

目的 2：防止缺料、缺零件，保持井井有条的工作秩序。

目的 3：将寻找时间减少为零，即缩短准备时间，提高工作效率。

目的 4：能马上发现异常情况（如丢失、损坏）。

目的 5：控制库存，防止资金积压。

目的 6：除责任人以外的其他人也能明白岗位工作要求。

目的 7：任何人都能胜任各个岗位，实现标准化。

4.1.3 把握整顿的3定原则

整顿阶段的工作需遵循3定工作原则。3定是指定位置、定物品、定物品数量或物品保存方法，具体操作如表4.1所示。

表4.1 3定原则操作说明

3定原则	含义	操作方法
定位置	设定物品的保管场所，标记堆放方法和存量的最大、最小位，使物品位置一目了然	用地区标识和地址标识来区分 地址标识要包括单位列号、行号地区 标识可以用“A，B，C”或“1，2，3”表示 单位标识上面可以用“1，2，3”来表示 最上层的“0区域”(如架子顶)不能存放物品 考虑将来尽量不变动
定物品	依据物品的形态、大小、性质，使用定量，使其使用方便、易于管理，计数应定为使用标准数，能够一目了然	存放架子标识 单位物品标识，明确是什么物品 方便更换标识，方便变更存放位置 物料存取及搬运容易、便捷
定物品数量	了解在库存量，要做到的不是大概，而是要做到明确知道具体个数，这才是目视管理的基本	限制存放地点和搁板的大小 特殊标识比数字更好 明确表示最大存量(红色)和最小存量(黄色) 做到一目了然

现场遵循3定5S原则的料架及物品存放示例如图4.3所示。

4.1.4 掌握整顿活动的难点

整顿不是简单的陈列与摆放整齐，而是要把有用的东西以最简便的方式放好，让大家都能一目了然。在想要使用时可以随时取得。

1. 常见的现象

(1)货架上的物品无物资收发登记卡，管理状态不清，除当事人外，他人一时难以找到所需物品。

(2)货架太高或物品堆积太高，不易拿取。

(3)没有按“重低轻高、大低小高”的原则摆放。

2. 常见的问题

(1)刚开始放得很整齐，一发料又乱了，根本没时间去整顿。

(2)物资收发登记卡挂在周转箱上，妨碍发料，或者辅助仓库的物品太多、太杂。

(3)为图省事，不按生产节拍运作，发料太多，造成车间现场混乱。

(4)货架上物品存放箱的大小不一，询问时以物品大小不一为借口，造成货架参差不齐，非常凌乱。

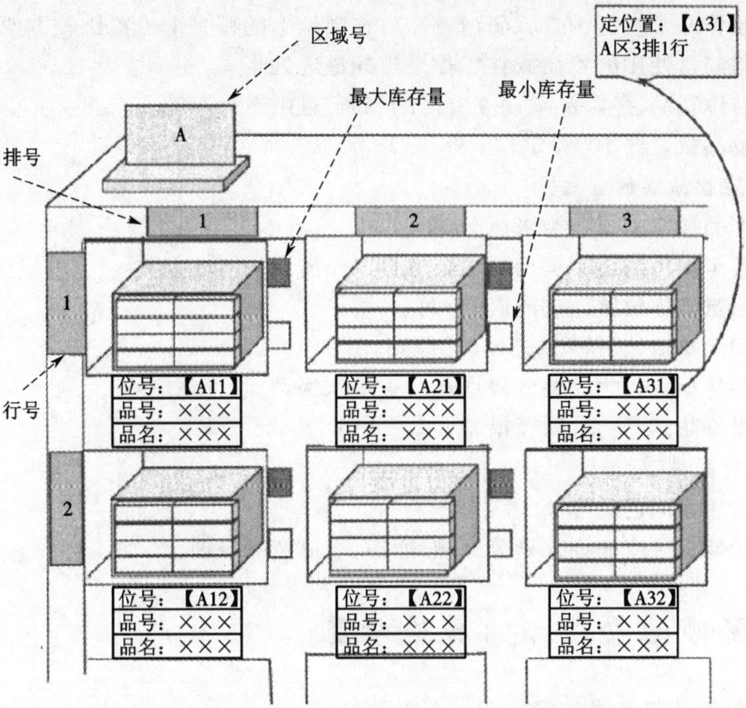

图 4.3　现场遵循 3 定 5S 原则的料架及物品存放示例

3. 活动的难点

(1) 整顿要做到任何人，特别是新员工或其他部门都能立即取出所需物品。

(2) 放置处的放置物能立即取出使用，使用后能容易且迅速归位，如未归位或误放应能马上知道。

(3) 在整顿不妥的情况下，尽可能了解到问题出现的原因，解决问题的根源。

值得注意的是，整顿活动须是真正的整顿，而非表面整顿。仅仅是外表的整顿（如箱子排放整齐，而箱内物品摆放杂乱），对于现场的改善毫无意义。所以整顿的关键是可视化（即目视管理），让所有人都一目了然。另外，整顿活动方案的制定需与现场作业的工序相协调。

4.1.5　抓住整顿活动的要领

在整顿活动中，管理工作要习惯化，指导者要具有整顿意识，在对现场进行观察后作出指示。

1. 彻底地进行整理

(1) 清除不需要的物品，在生产现场只能摆放最低限度的必需物品。

(2) 正确地判断出是个人所需品还是团队共需品。

2. 确定物品放置场所

(1)制作一个模型,布局、研讨物品放在岗位上的哪一个位置比较方便。

(2)将经常使用的物品放在工作地点的最近处。

(3)特殊物品、危险品须设立专门的场所,且由专人保管。

(4)物品放置要100%定位。

3. 规定物品摆放方法

(1)产品按机能或种类来区分放置。

(2)各个岗位的员工提出最适合各自工作需要的摆放方法。

(3)尽量立体放置,充分利用空间。

(4)便于拿取,坚持“先进先出”原则。

(5)容易损坏的物品要分隔或加防护垫来保管,防止碰撞。

(6)做好防潮、防尘、防锈措施。

4. 进行画线、标识

(1)采用不同色的油漆、胶带。

(2)用地板砖或栅栏来划分区域,通道、过道宽度合理。

4.2 整顿活动(3定)推进步骤

整顿活动推进8大步骤如图4.4所示。

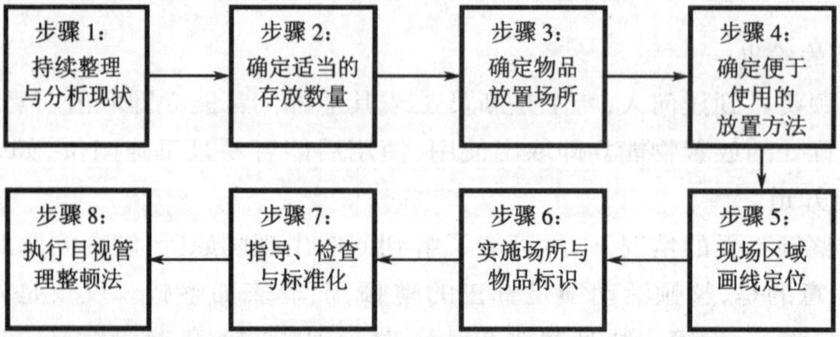

图4.4 整顿活动推进的8大步骤

4.2.1 持续整理与现状分析

整顿活动需按整理阶段操作要领对现场进行持续整理,消除不需要的物品,同时为充分利用现场空间做好准备。

4.2.1.1 取放物品花费时间的原因

(1)不知道物品存放在哪里。

(2)不知道要取的物品叫什么。

(3)存放的地点太远。

(4)存放的地点太分散,物品太多,难以找到。

(5)不知道物品是否已用完。

在日常工作中,3定5S活动人员需对现场现状进行分析,对必需品的名称、分类、放置位置等情况进行规范化的调查了解,找出问题的所在,对症下药。

4.2.1.2 现状分析工作需满足的条件

(1)实施整顿工作前,生产现场需彻底落实前期的整理工作,确认撤除不用的东西,重新规划整理后所腾出来的空间。

(2)将现场工作过程中物品的传送情况用图纸表示出来。

(3)进行物品分类,将现场物品实际的分布情况用表格进行记录。

在此阶段,工厂要根据物品的特征、使用方法、使用者、使用频率等进行分类,把具有相同特点或相同性质的物品分到同一个类别,在此基础上制定标准和规范,并对物品进行标识,以实现3定原则与目视管理。

4.2.2 确定适当的存放数量

在整理阶段,工厂在判定必需品与非必需品,进行非必需品处理的同时还应对必需品的存量进行计算。进入整顿阶段后,现场物品数量须严格控制,实现"3定"之"定量"的原则,具体如表4.2所示。

表4.2 现场物品看板

位置编号			
品名			
规格型号			
数量	最大存量:		最小存量:
管理部门		管理负责人	

设定最大存量、最小存量的方法如下。

(1)以班组长为中心,每个操作者充分参与讨论,并提出意见。

(2)在决定最小存量时,需考虑存放场所的面积、物品的大小、单位时间的必要数量等。

(3)借鉴生产计划并定好零部件、原材料等必需品的最小保管数量。

确定适当的存放数量如图4.5所示。

4.2.3 确定物品放置的场所

工厂需规定现场物品的保存场所,并且要100%定位。物品放置场所要求如下。

(1)经常使用的物品放在离生产线近一点的地方。

(2)生产线附近只放真正需要的物品。

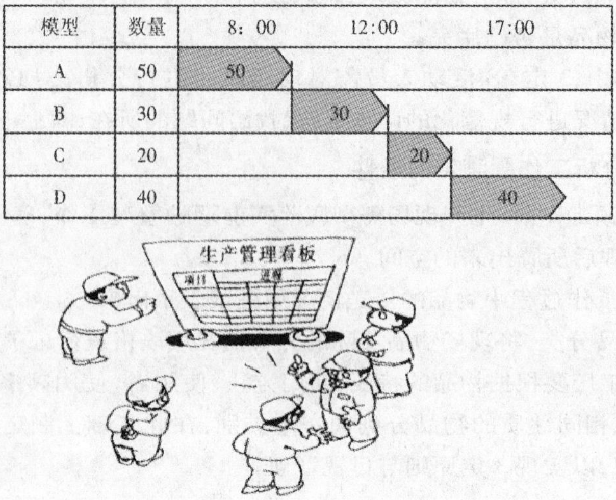

图4.5 确定适当的存放数量

(3)考虑运输的最短距离及物品运输的便利性。

(4)使用频率高的物品的存放高度要在肩到肘臂之间。

(5)使用频率相对较低的物品则放到其他规定地点。

(6)同类物品应集中放置,按照“先进先出”原则进行取用。

(7)螺钉、绳索、胶带等公共材料放在指定的综合保管场所。

(8)充分分析与合理安装材料箱子、料架、传送带。

(9)危险品必须在特殊的场所保管,并用栅栏或其他方式隔离。

(10)找出可以立体性活用空间的方法,例如尽量使用物料架摆放物品,提高空间利用率。

(11)用线来标记保管区域。

(12)设定物品暂存区,注明暂存期限。

(13)及时清除不良品。

另外,放置场所可以用电脑模拟或沙盘推演,以便配置。

现场出现由于定置位置被占用而不能按规定放置该放物品时,应挂“暂放”标牌,并注明原因、放置时间、负责人以及预计放置期限等,严禁长时间占用。

4.2.4 确定便于使用的放置方法

在整顿活动中,各岗位应根据各自工作的特点选择合理的物品放置方法,以确保安全、提升质量、提高效率。

(1)必要品要放在与使用场所较近的地方。

(2)要想使物品容易取出,可以根据重量和体积来设定存放位置。

(3)按照产品、技能、机器等类型来区分物品。

(4)选定置放的场所,做到物品定位。

(5)根据目视管理方法来置放。

(6)置放时要使其物品容易搬运(如重的放在下方,轻的放在上端)。

(7)要确保安全。

(8)置放时要小心,不能使物品受损伤,防止生锈、变脏。

(9)物品和搁板上都要做标识。

(10)要按不同的色彩来区分、管理。

(11)在使用的时候要附加“使用中”的标牌。

(12)标识管理负责人的姓名。

(13)必要时可以使用管理账簿。

(14)遵循“先进先出”原则。

4.2.5 现场区域的画线定位

4.2.5.1 画线定位的方式

画线定位的方式有4种:胶带定位、油漆定位、瓷砖定位、栅栏定位。其具体操作说明如表4.3所示。

表4.3 画线定位方式说明

定位方式	操作说明	特点	注意事项
胶带定位	在油漆定位前使用	方便快捷、容易修改	工厂应注意根据现场的实际情况,选择适合自己的方法,有目的、有计划地进行画线定位
油漆定位	每年翻新一次	牢固、稳定、便于保持	
瓷砖定位	结合运用油漆、胶带定位	韧性好、耐冲击	
栅栏定位	适用于大型物品、室外物品	结构简单、成本低	

4.2.5.2 区域划分

在一般情况下,工厂应用不同颜色、线条表示区分、定位不同物品的放置,但是在工作范围内必须统一。具体规定如表4.4所示。

表4.4 区域划分颜色线条说明

颜色线条区分	说明
黄色实线	一般通道、区域、固定物品的定位线
黄色虚线	机器设备定位线,表示移动台车、工具车等的停放位置

续表

颜色线条区分	说明
绿色区域	原材料区、成品区
红色区域	不合格品区、废品区、危险区
白色区域	作业区
红色斑马线	表示不得进入、不得放置,如配电装置、消防栓处、升降梯等区域
黄黑虎纹线	表示警告、警示,例如地面突起物、易碰撞处、坑道、台阶等

工厂通道宽度设计标准如下。

(1)人行道的宽度最少要 1 m 以上。

(2)单向车道的宽度为最大车辆的宽度加上 1.8 m。

(3)双向车道的宽度为最大车辆宽度乘以 2 再加上 1 m。

4.2.6 现场场所与物品标识

4.2.6.1 现场标识的对象

(1)场所标识。拿取必要物品时,为了知道放置的地点,需要对其进行标识,以实现目视管理。

(2)品种位置标识。为了在拿取物品时容易寻找、使用后方便还到原来的位置,工厂需要做“品种类别标识”。

(3)物品本身标识。将物品的编号写在物品上,这是为确认放置在棚架上的物品,即使用者想取用的东西。

注意,现场区域中存放的物品尽管是垃圾桶、烟灰缸也都要进行标识。由于前期存放位置是经常变更的,所以首先要用胶带来标记,等位置最终确定后再用油漆来标识。

4.2.6.2 统一标识规范

在进行现场标识前,工厂要做好标识的统一规定,以免发现问题重新再做,浪费大量时间、精力和金钱。标识工作规范如图 4.6 所示。

4.2.6.3 标识内容规范

用标识牌标识整顿区域内的各类物品的区域、类别、物品名称、数量、用途、责任者等信息,具体标识内容如表 4.5 所示。

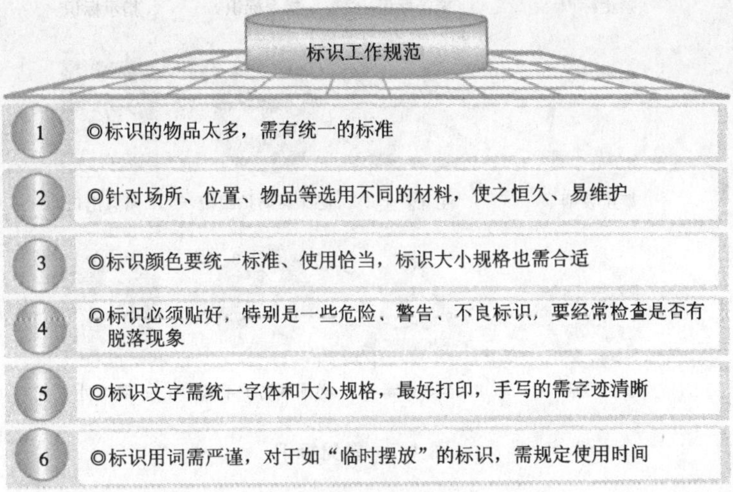

图 4.6　标识工作规范

表 4.5　标识牌内容说明表

标识牌	标识内容
样板区域标识牌	车间名称、责任人、活动时间
工具架标识牌	班组名称、物品类别(如五金工具类、模具类等)、责任人、物品名称
工具柜标识牌	车间名称、所属货架类别编号、责任人、物品名称
工具、物品定点标识牌	物品类别、物品名称、规格、数最、最大库存、安全库存
文件柜标识	部门名称、文件柜编号、责任人,文件的类别(如常用文件、表单等)
各类管理对象（如配电箱、消防用具等）	车间名称、班组名称、物品名称、物品编号、责任人

4.2.6.4　常见的标识

(1)材料、产品颜色标识。白色代表良品,黄色代表待整修品,红色代表不良品、报废品。这样标识便于分类,不会混淆,易于处理。

(2)生产线看板。标识今天的生产机种、数量,并记入实际进展状况,使生产线上的每个成员一目了然,易于激发其参与感。

(3)生产图表。生产图表内应标识产量、效率、质量或其他状况,一看就知道起伏状况,易于管理。

(4)材料、成品标识。材料、成品标识要有名称、编号,规定每箱/每袋的装入数量,在每箱/每袋上标明产品名称、实际数量以及生产日期等。

(5)作业标识。危险作业要有危险标识、电工作业要有作业标识等。

常见的标识如图 4.7 所示。

图 4.7　常见标识

4.2.7　指导、检查与标准化

4.2.7.1　整顿后的指导与检查

整顿活动完成后，为了确保良好状态，工厂要进行指导与检查，具体如图 4.8 所示。

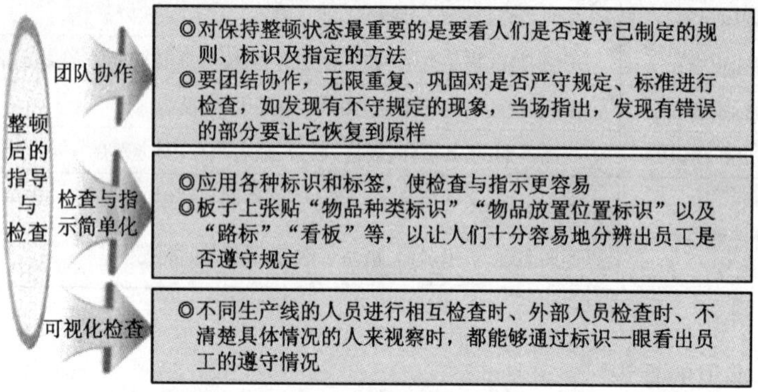

图 4.8　整顿活动后的指导与检查工作

4.2.7.2　整顿结果标准化

整顿阶段的结果需实行标准化，将整顿的效果维持下去，包括方式与方法的标准化。工厂可充分运用公告、标准化教育与指导等达成全员行动一致。

以下为某工厂容器标准化的示例，仅供读者参考。

示例——容器标准化方法

一、背景

工厂向合作企业交货时使用的容器可以按部件的形态和大小来区分其种类，把装入量和装入方法标准化。这是为了使部件搬运更容易、数量管理更方便。

二、标准化原则

1. 装入、取出方便,保管简易。

2. 不能让零部件因容器而发生损伤。

3. 最好使用半永久性的塑料箱。

4. 部件按特性难以适用标准容器规格的,要制作方便搬运、使用、保管的专用货车。

三、执行工作步骤

容器标准化的执行步骤如图 4.9 所示。

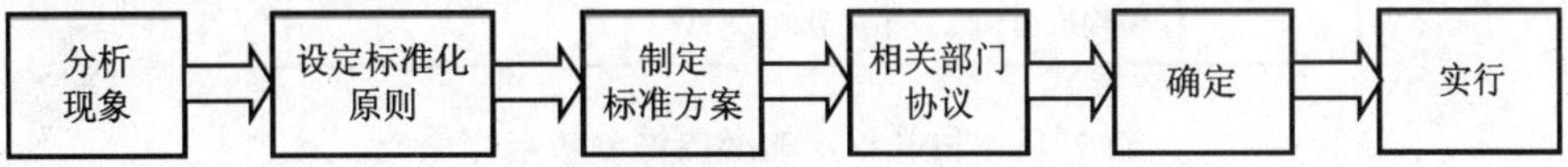

图 4.9 容器标准化的执行步骤

4.2.8 执行目视管理整顿法

目视管理是指使每个人都能看得出现场是否正常,能对其中的问题和异常及时采取改善措施,维持现场的正常管理状态,预防现场中不好状况的发生并提前实施改善措施的方法。

4.2.8.1 标识战略

整顿工作可充分运用标识战略,使现场一目了然,实现目视管理,具体如图 4.10 所示。

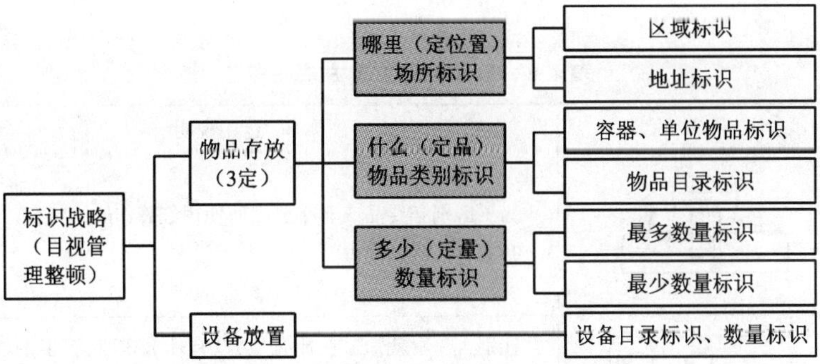

图 4.10 目视管理整顿的标识战略

4.2.8.2 目视管理的必要性

目视管理的必要性分析及作用如图 4.11 所示。

4.2.8.3 目视管理的基本思考

(1)可以看到现场的状态并不意味着做到了目视管理,必须要显示出是谁、把什么、在什么时间、把几个、以什么模样进行加工、操作、搬运才算做得好。

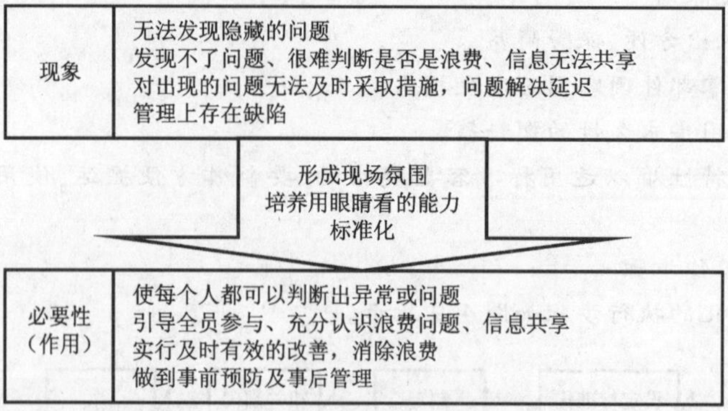

图 4.11　目视管理的必要性分析与作用

(2)全员很难正确认识浪费,需要进行研究,使每个人明确认识。

(3)要创造任何人随时都能清楚了解当前情况的生产现场,尽快地发现异常并对此采取措施。

(4)目视管理也可叫做以“异常为中心”进行管理的异常管理。

(5)能很好地体现现场实情的是现场本身。要发现问题的改善点和追究其原因,重要的不是技巧(IE 等),而是能直接观察现场的状态。

(6)现场共享所有相关成员必要的信息,创造能自觉参与到实现共同目标的活动中。

4.2.8.4　目视管理的工具与运用方法

目视管理推进过程需使用多种工具或系统,具体如表 4.6 所示。

表 4.6　目视管理工具方法一览表

名称	图示	运用说明
红牌	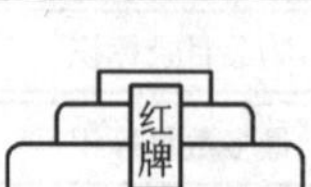	为了区别必要品或非必要品而使用红牌作战 是改善的基础起点
看板	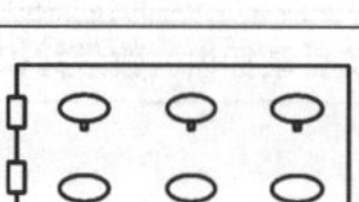	让别人一看就知道在什么地方、有什么东西、有多少数量的提示板,用于看板作战 强调透明化、公开化,目视管理先决条件之一就是消除黑箱作业
区域线		为了使在制品的放置场所及通道看得清楚而画,通常为黄线 要用于整理、整顿、异常、停线故障等,用于看板管理

续表

名称	图示	运用说明
警示线	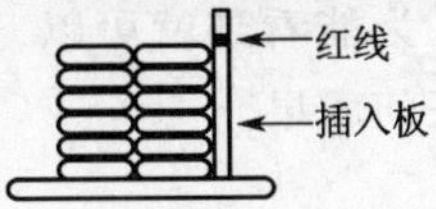	表示仓库及物品放置场所的最大库存或最小库存,用于看板作战
信号灯	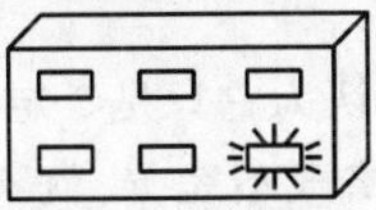	生产现场发生异常时,用于通知管理人员或监督者的工具 信号灯的种类包括发音信号灯、异常信号灯、运转指示灯、进度灯等
告示板		告示板是一种及时管理的道具,也就是公告,是一种让大家都知道的道具 可分为“取用告示板”及“在制品告示板”
生产管理板	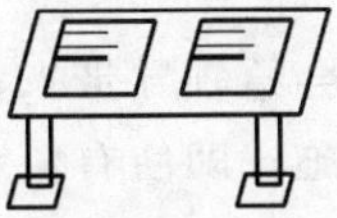	表示生产线上的生产情况的表示板,在板上填写生产实绩、工作改善、设备开动率、停止原因等,用于看板管理
提醒板		用于防止遗漏 提醒板每个月统计一次,在每个月的例会中进行总结,与上个月进行比较,看是否有进步,并确定下个月的目标
操作流程图	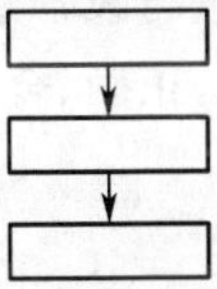	操作流程图是描述工序重点和作业顺序的简明指示书,也称为步骤图,用于指导生产作业 一般的车间内,特别是工序比较复杂的车间,在看板管理上一定要有操作流程图
标准作业表	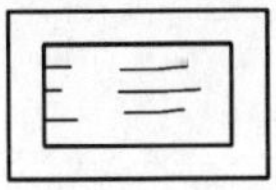	将人、机器有效地组合起来,以决定工作方法的表格
错误示范	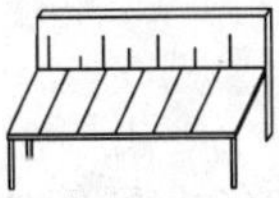	反面教材,让现场的作业人员了解不良品、不良现象及后果 一般放在人多且显著的位置,让人一目了然,不违规操作

目视管理应有效运用颜色,如颜色优劣法,即以绿、蓝、黄和红4种颜色来代表成绩的好坏(绿>蓝>黄>红)。其运用举例如下所示。

(1)用于生产管制。用不同的颜色来表示生产进度,例如绿灯表示及时交货,蓝灯表示延迟但已挽回,黄灯表示延迟一天以上但未满两天,红灯表示延迟两天以上。

(2)用于质量管制。依产品不良率的高低,用颜色显示。

(3)用于评估结果。绿灯表示“优”,蓝灯表示“良”,黄灯表示“一般”,红灯表示

"差"。

4.2.8.5 目视管理失败原因分析

在推进3定5S活动的过程中，把目视管理单纯地认为能看到就可以，把精力都放到"能看见"上，这样做表面上看起来很好，但是没有任何成果。

目视管理失败的原因一般有以下3种。

1. 理解不足

在推进目视管理之前没能充分理解它的目的和方法，认为它只是3定5S活动的一个环节或是3定5S活动的延续。例如，日程公告栏的格式不完善，就不能立即掌握计划延迟的情况，进而不能及时采取措施；如果日程公告栏被放在不起眼的位置，作业人不容易看到，无法充分应用；如果运营方法没有标准化，每个人的方法就都不一样，目视管理道具也不能正常应用。

2. 问题意识低下

工厂虽然引入了警示灯系统，但是作业人员担心亮灯会给领导带来负担或怕被领导训，所以不轻易亮灯，即使亮了灯，也未能及时采取措施。即使有警示灯系统和使用方法，但是使用它们的管理者、监督者、作业人员的意识或认识低下，不能充分应用。

3. 松弛的管理体系

除了能用眼睛看见的问题和浪费外，还有很多用眼睛看不见的潜在问题和浪费。如果管理松弛，潜在的问题和浪费便不会显露出来。例如，日程计划上有很多闲暇时间，不会发生延迟或问题，所以表面情况很好，就不会进行改善活动。

工厂在推进3定5S与目视管理时，应充分重视以上问题，正确、合理地实施目视管理，力争达到良好的效果。

4.3 整顿活动(3定)具体实施

4.3.1 现场地面整顿

4.3.1.1 现场地面漆色

工厂可根据地面的用途选择不同的颜色加以区分，例如作业区使用利于工作的颜色，休息区使用能够给人安定感的颜色。各类颜色使用说明及选择适用情况如表4.7和表4.8所示。

表4.7 常用颜色影响效果说明

颜色	影响效果
红色	温暖、动感、刺激、明度高
黄色	明朗、新鲜、明度高

续表

颜色	影响效果
蓝色	清凉、安静、忧郁、明度低
绿色	安静、安稳、明度低
棕色	自然、平和、明度低
橘黄色	明度高、温暖、刺激、引人注意

表 4.8 地面漆色选择

分类	场所	颜色	备注
地面	工作场所	绿色	
	通道	橘黄色	荧光色
	休息室	蓝色	
	仓库	灰色	

4.3.1.2 现场地面漆色画线步骤

现场地面画线流程如图 4.12 所示。

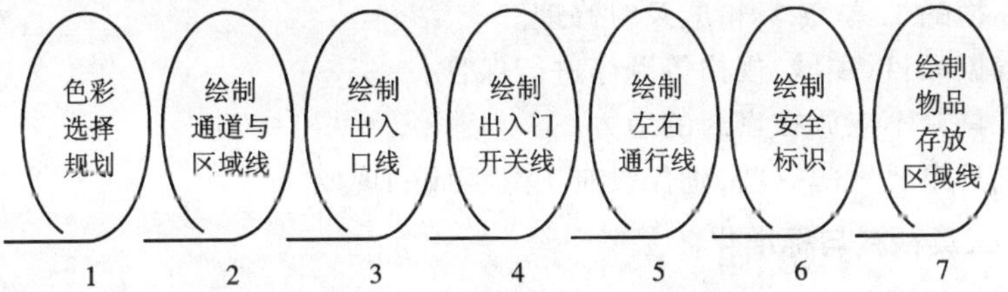

图 4.12 现场地面画线流程

4.3.1.3 现场地面漆色画线规范

现场地面漆色画线规范如表 4.9 所示。

表 4.9 现场地面漆色画线说明

画线分类	颜色	宽度(cm)	备注
区域线	黄色	10	实线
区域线拐角	黄色	10	实线,采用直线,线画得要重,使其尽量凸显出来,拐角处稍微画得轻一些,避免直角
出入口线	黄色	10	虚线
门的关闭线	黄色	10	虚线
通行线	黄色或白色	——	箭头,以一定的间距标识,或是在拐角附近标识,尽可能将台阶也标识出来

续表

画线分类		颜色	宽度(cm)	备注
虎纹线		黄色与黑色	——	黄色与黑色的虎纹线
制定区域	在制品	黄色	5	实线
	指定区 工作台等	白色	5	曲线
	问题产品	红色	5	实线
	各流程间隙	蓝色	——	实线
备注	如果地面不平、高度不均，需进行修缮 根据工作区域决定通道位置，尽量采用直线，避免转弯			

4.3.2 工具箱的整顿

工具的储放不当也可能造成时间上的浪费，所以整顿工具箱也很重要。

4.3.2.1 工具箱整顿出发点

(1)工具使用频繁，很容易混乱。

(2)确保工具在急需时能立即找到。

(3)使用后及时将其放回原位。

(4)坏损的工具、工具箱应及时修理。

(5)根据品目、领域、规格等顺序进行保管。

(6)工具箱不应放在密封的地方。

(7)工具箱要做薄一些，确保没有工具叠放的现象。

4.3.2.2 工具精减与标准化

(1)工具尽量精减，可以清除的工具尽量清除。如果使用有转头的螺丝，那么就不需要再使用其他转螺丝的工具。

(2)工具统一标准化。例如将螺栓与螺丝的大小标准化，从而实现“一具多用”。

4.3.2.3 将工具箱固定存放在离使用地点近的、便于使用的地方

(1)工具放置的位置要能够尽量使员工避免弯腰拿取等。

(2)按照工具的操作频繁程度摆放。

4.3.2.4 在“拿、放”两个动作中更注重“放”的方法

寻找能使人们在“拿、放”两个动作中更注重“放”的方法。

(1)使用影印图、颜色、记号等标识。

(2)工具能否随身携带，如能够携带，工具整顿只需用手一放即可完成。

(3)吊起来的改锥只要放手就可自动回归原位。

4.3.3 测量器具整顿

4.3.3.1 防止冲击的方法

把测量器具放置在机器台或定盘上时,为防止冲击,必须铺上橡皮垫。

4.3.3.2 防止打伤翘曲的方法

(1)螺旋测量器等圆筒状的器具按照钻头、铰刀等放置方法放置。

(2)细长的试验板、规尺等测量器为防止翘曲,应垂直吊挂。

4.3.3.3 防止蒙尘、沾污、生锈的方法

(1)为防止灰尘,必须覆盖保护物。

(2)保管时涂上防锈油或用浸油的布盖上。

4.3.4 易损物品整顿

工厂应重视重复使用或搬动时会发生损伤问题的物品。易损物品整顿方法如图4.13所示。

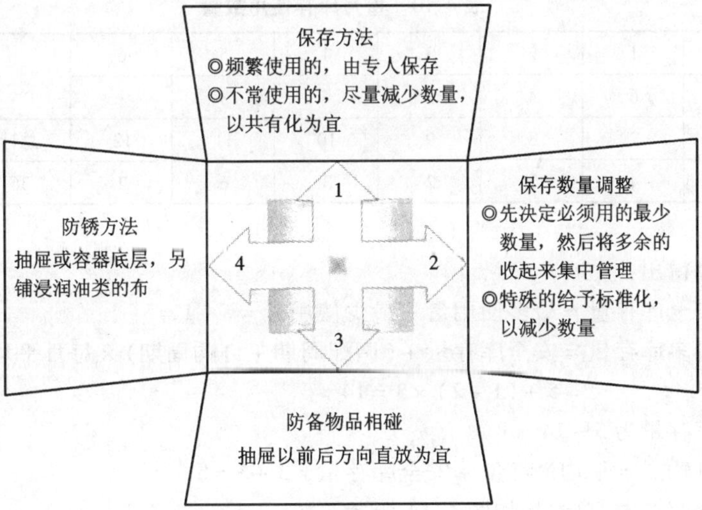

图4.13 易损物品整顿方法

4.3.5 材料仓库整顿

如果由少量的人员负责大量零件的出库与入库,则容易出现很多问题,如零件丢失、不能完成规定生产量、造成寻找时间浪费,甚至会出现工作瘫痪现象,所以工厂需进行材料仓库整顿。

4.3.5.1 材料仓库整顿的出发点

(1)把隔板的位置标识出来。

(2)把每个隔板上应放的物品名称标识出来。

(3)记录保管数量。

(4)张贴物品存放图。

(5)制作记录零件种类、名称、编号、存放场所等的账簿并保存。

4.3.5.2 物品存放方法

(1)按种类规格分别放在不同的位置并标识出来。

(2)按体积、重量安排位置并绘制成图表。

(3)在按品种分放后,最好贴上产品的详细记录以便进行库存管理。

(4)为能够更快地移送物品,除树脂、铁板等之外的小物品也要用托盘运输。

4.3.5.3 计算出精确的库存量

如果库存过多,会使产品出现剩余,但是库存不足又不能完成生产目标,因此,工厂需要计算出精确的库存量。

[例4-1] 计算调配周期为1个月,订购周期是2个月的某种材料的精确库存量。其每月使用数量如表4.10所示。

表4.10 每月库存使用数量

月份	1	2	3	4	5	6		
使用数	6	4	2	4	3	1		
月份	7	8	9	10	11	12	总计	平均
使用数	4	3	2	3	6	2	36	3

经计算得出:

安全库存量 = 最多使用量 - 最少使用量 = 6 - 1 = 5

最多库存量 = 安全库存量 + (调配周期 + 订购周期) × 每月平均使用量

= 5 + (1 + 2) × 3 = 14

精确库存量为 5 ~ 14

订购点 = 平均消耗量 + 安全库存量 = 3 + 5 = 8

仓库标志,总看板如图4.14所示。

4.3.6 润滑油的整顿

4.3.6.1 整顿的出发点

每种润滑油都用不同的颜色标识出来,以便所有人都能快速地将它们分辨出来(如图4.15所示)。

4.3.6.2 整顿方法

(1)将工厂中所有会用到的润滑油都进行整理。

(2)在整理中,如果发现使用的润滑油种类相似,那就将它们放在一起。

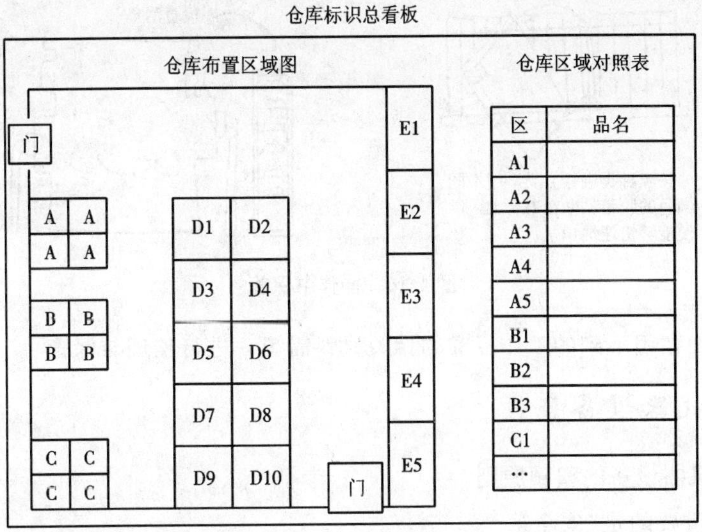

图 4.14 仓库标识总看板

(3)确定各种润滑油的代表颜色。

(4)从铁桶中取油,然后分到各个生产线,各个供油器的漏斗都用不同颜色标识出来。

(5)在机器上每个注油口的漏斗上标识不同的颜色。

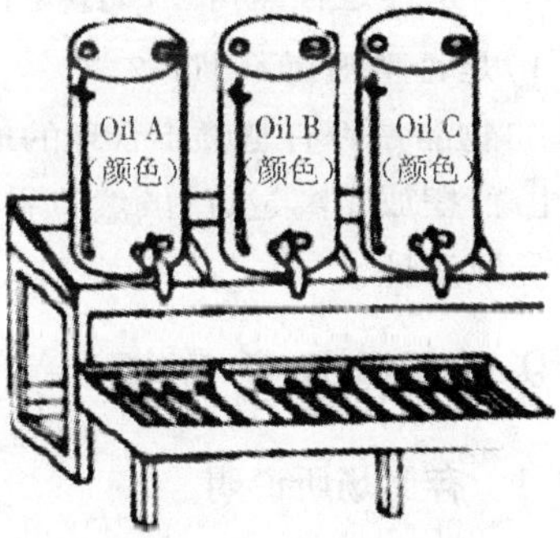

图 4.15 润滑油的整顿

4.3.7 工作标准整顿

在工作现场,工厂常常很容易忽略工作标准的制定、管理和执行,为保障现场人员能够遵守工作标准,需进行工作标准整顿,应让他们能够随时可以看到工作标准。

4.3.7.1 工作标准整顿的出发点

(1)将工作标准用实物标识出来,用实物来规定标准,这样在检查时不用再翻找标准说明书来进行确认,让每个人都能很容易地判断出工厂是正常还是异常。

(2)将工作标准张贴在应用场所附近,使现场人员在工作时能很容易地看到。

(3)在设备旁设确认明细单,放在流程开始的地方。

4.3.7.2 集中保管

由于品种不同而有不同的操作指导书或图片时,需放在卡片箱中并准备连贯记号,进行统一管理(如图 4.16 所示)。

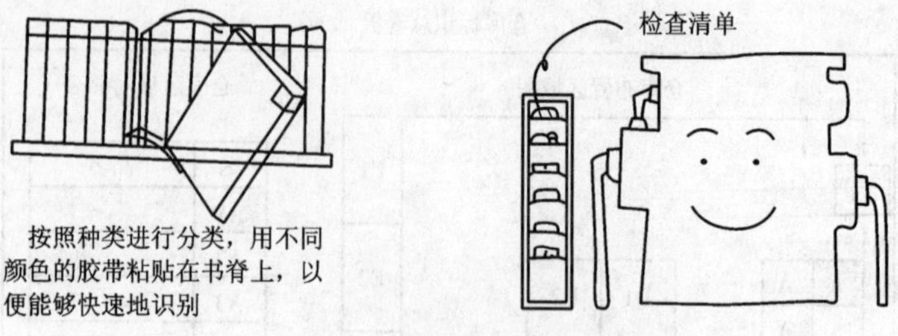

图4.16 操作书保管

注:对现在用不到的工作标准的相关材料需统一进行整理与保管。

4.3.8 机器设备整顿

4.3.8.1 机器设备的整顿原则

(1)最重要的是“安全第一”。

(2)容易清扫、操作和检修。

(3)设置设备看板,写明设备名称、负责人姓名等内容。

4.3.8.2 整理过程需持续回答两个问题

(1)是否整理得不彻底?

(2)物品是否有整顿不合理的地方,浪费了许多空间?

注意:摆放距离过近,虽然节省了空间,却难于清扫和检修,而且还会相互影响操作,导致意外。

4.3.9 存储场所整顿

4.3.9.1 存储场所说明

存储场所是指物品(产品、零件、材料、工具、辅助机器等)的存放处。

存放物品的场所一定要有明确规定,能够简单地进行定量、定位的管理(目视管理)。在生产系统中,只要有看板标识,谁都可以接管下一个流程的工作,切实做好物品位置的管理工作。

4.3.9.2 存储场所设定顺序以及出发点

(1)保持一致性,以便所有人都能够准确地理解其意义。

(2)以固定的东西作为基准进行说明,以工厂、建筑、柱子等作为基准来对内部进行划分。不能以生产线、设备等作为基准进行划分,因为之后可能会废弃或进行移动。

(3)存储场所在进行设定顺序时,要能够用最少的信息来明确场所位置。

(4)遵循“一个产品名称、一个编号对应一个存储场所”的原则。

(5)使用部门确定存储场所,并登记在册。

(6)为了方便记忆,可以给通道取名字。

存储场所设定示意如图 4.17 所示。

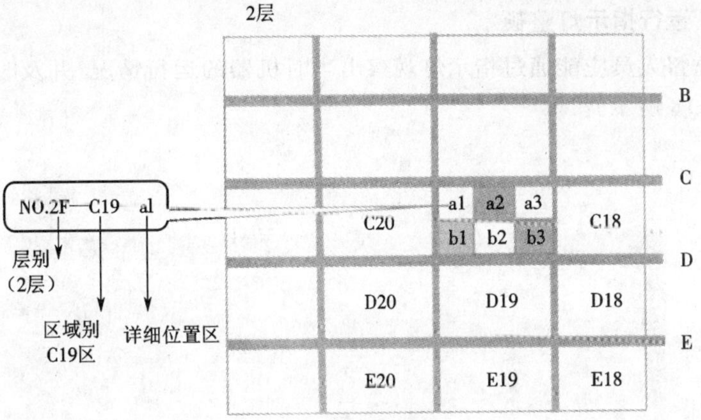

图 4.17 存储场所设定示意

4.3.10 取消挡板整顿

为了能让工作地点与工作地点之间,办公室与办公室之间信息共享,实现目视管理,应尽量把不必要的挡板消除掉。

在工作现场或仓库中,作为整顿的一个阶段,也应取消挡板,以便能够更准确地了解空间位置和更清楚地了解问题所在。

4.3.11 指示灯的整顿

现场监督人员必须时刻都能够了解生产是否顺利,如果有异常或问题发生,监督人员一定要能够迅速地使生产恢复正常。为了使监督人员能够了解到异常或问题所在,现场需要装置指示灯。

现场常见的指示灯有显示零件、材料需求的“呼叫指示灯”、告知生产异常的“异常指示灯”、显示机器设备运行的“运行指示灯”等。

4.3.11.1 呼叫指示灯整顿

(1)呼叫指示灯是在流程中零件、材料不足时显示零件缺少而设置的指示灯。

(2)看到这个指示灯后,负责人应及时添加零件、材料。

(3)在零件得到供给后,指示灯会关掉。

(4)回收空的零件、材料箱,将其放在指定位置。

4.3.11.2 异常指示灯整顿

(1)生产异常时,作业人员按下按钮或是拉动绳子,启动警告灯或警报铃。

(2)生产改善负责人或是现场监督人员迅速到达问题发生地点,快速采取措施,以解决异常。

（3）措施实施完毕后熄灭警告灯。

（4）在一定时间内，如果解决措施无效，则自动停止生产。

4.3.11.3 运行指示灯整顿

现场监督人员应能通过指示灯观察出当时机器的运行情况，并及时处理突发情况（如图4.18所示）。

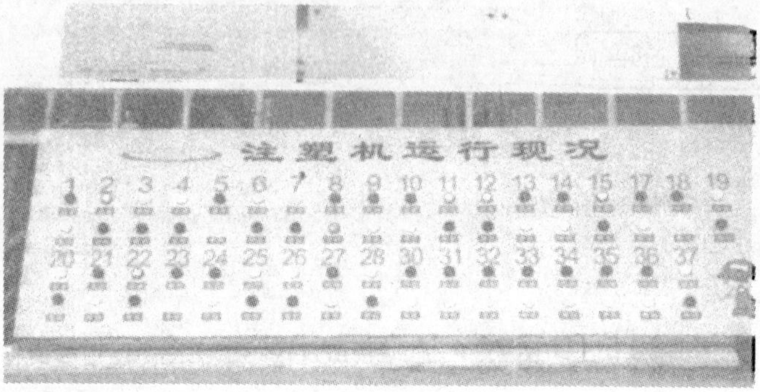

图4.18 指示灯的整顿

4.3.12 成品与在制品整顿

如果有大量完成品、在制品等堆置在生产线周围以及仓库中，其整顿工作的出发点应在于规定数量、探寻产品出库和运输的方法、采取质量保护措施、探寻不良品处理方法4个方面，具体如下所述。

4.3.12.1 规定数量

（1）设定合理的预留数量限制，例如指定物品存放高度。

（2）指定预留数量物品的存放处，指定存取数量、地板区域、搁板空间。

（3）明确区分问题产品。

4.3.12.2 探寻产品出库和运输的方法

（1）放置托盘、集装箱等时应保持平行和直角。

（2）灵活运用平面空间，充分利用立体空间，如设置搁板、集装箱等。

（3）尽量保证先入先出，利用滚筒、输送带等方式。

4.3.12.3 采取质量保护措施

（1）为防止擦撞产生刮痕与损伤，安装隔板或缓冲装置。

（2）应将产品盖上盖子或套上安全膜。

（3）放置产品时，使其不直接接触地面，预防产品受损、被弄脏，特别是精密物品，不能直接接触箱子底部。

4.3.12.4 探寻不良品处理方法

(1)明确不良品存放位置。

(2)不良品存放位置应用红色或是其他明显颜色标识。

(3)张贴物品现场看板。

(4)为防止再发生不良,不良品可作为教育工具,放在显眼处。

4.3.13 物品定量标识整顿

现场为定质、定量,减少浪费,缩减库存,应对现场物品进行定量标识整顿,实施目视管理。

4.3.13.1 整顿对象

材料、设备、零件、治具、工具、备品备件、一般消费品、办公用品等现场物品。

4.3.13.2 制作展示板

(1)醒目且正确。

(2)根据工作现场、生产流水线别、流程等,看板采用不同颜色。

(3)放在工作现场入口处,使员工在工作开始之前便能注意到。

现场物品存量看板如表4.11所示。

表4.11 现场物品存量看板

现场物品存量看板			
存放地点		位置编号	
品名(规格)		存放方法	
最小存放数量		最大存放数量	
管理部门		管理负责人	

注:最大存放数量用总数量标识,但最好也要标注长度、宽度和高度,存放方法,不会影响物品的堆积层数,一般产品的包装箱上有堆积数量

4.3.12.3 油漆使用

在现场使用不同颜色的油漆,以便使人们能够在查看后更方便地进行整顿。

4.3.14 现场其他方面整顿

4.3.14.1 现场看板的位置标识

现场看板的位置标识如图4.19所示。

4.3.14.2 液体的种类以及方向的标识

液体的种类以及方向的标识如图4.20所示。

图 4.19　现场看板的位置标识

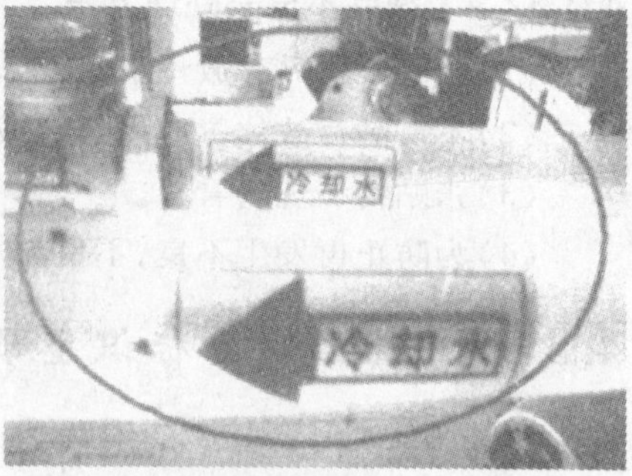

图 4.20　液体的种类以及方向的标识

4.3.14.3　标识清扫工具、垃圾桶的放置位置

（1）相较于放在一处，将垃圾桶放在多个地方更为方便，而且，为了能够废物再利用，应该进行垃圾分类。

（2）不要将清扫工具放在地上，应制作一个放置清扫工具的有底托的悬挂台。

（3）用黄色的胶带将清扫工具、垃圾桶的放置位置标识出来，指定管理负责人。

标识清扫工具、垃圾桶的放置如图 4.21 所示。

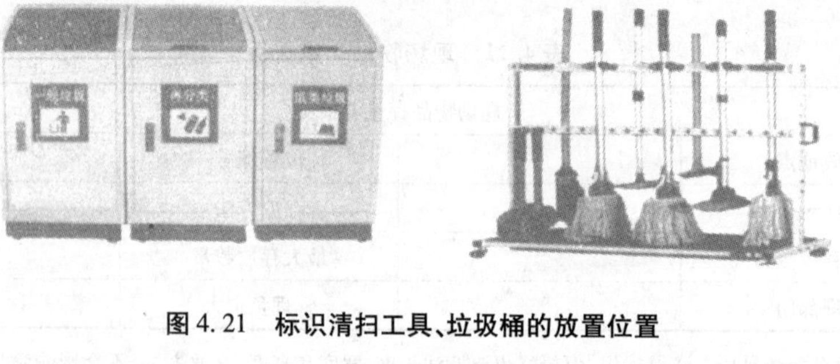

图 4.21　标识清扫工具、垃圾桶的放置位置

4.3.14.4　消防用具整顿

（1）为了能在发生火灾或其他事故时迅速找到并使用消防用具，应将消防用具放在工厂内的指定位置。

（2）消防用具应放在显眼的地方，而且前面不能堆置任何东西。工厂要定期对灭火器、消防栓等进行检查，确保其能够正常使用。

4.3.14.5　危险区域的标识

（1）搬运车辆容易发生碰撞或运行中的设备容易发生事故的地方要做出危险区域的标识，提醒作业人员多加注意。

（2）这种安全标识应用黑黄相间的油漆来做出，也称老虎纹记号（如图 4.23 所示）。

图 4.22 消防用具整顿

图 4.23 危险区域标识

4.3.14.6 工序内整顿

工序内零部件、材料的堆放也应遵守“先入先出”原则。为了使作业更简单，应设置零部件、材料堆放台。

4.3.14.7 模具编号

模具上也需要贴上铭牌，让所有人都能了解。同样，保存模具的保存台也要做好标识，让模具始终被放在固定的位置上。

4.4 整顿活动(3定)推进工具

4.4.1 物品存放清单

物品存放清单如表4.12所示。

表4.12 物品存放清单

现场	存放地点	整顿工具	责任人	备注

4.4.2 整顿工作分工明细表

整顿工作分工明细如表4.13所示。

表4.13 整顿工作分工明细表

责任区域	工作明细	时间/频率	责任人	备注

4.4.3 工序在制品调查表

工序在制品调查表如表4.14所示。

表4.14 工序在制品调查表

区域	工序编号	工位名	部品名	在工数量	单位/规格(cm)

4.4.4 整顿活动查核表单

整顿活动查核表单如表4.15所示。

表 4.15 整顿活动查核表单

项次	检查项目	等级	得分	查核标准
1	设备 机器 仪器	1 级	0	破损不堪,不能使用,杂乱放置
		2 级	1	不能使用的集中在一起
		3 级	2	能使用,但杂乱
		4 级	3	能使用,有保养,但摆放不整齐
		5 级	4	摆放整齐、干净,处于最佳状态
2	工具	1 级	0	不能使用的工具杂放
		2 级	1	勉强可用的工具过多
		3 级	2	均为可用工具,但缺乏保养
		4 级	3	工具保养良好,有定位放置
		5 级	4	工具采用目视管理
3	产品	1 级	0	不良品与良品杂放在一起
		2 级	1	不良品虽没即时处理,但有区分及标识
		3 级	2	只有良品,但保管方法不好
		4 级	3	保管有定位标识
		5 级	4	保管有定位,有图示,任何人都一目了然
4	技术工艺 文件、 图纸、 作业指导书等	1 级	0	过期与使用中的杂放在一起
		2 级	1	不是最新的,但随意摆放
		3 级	2	是最新的,但随意摆放
		4 级	3	有卷宗夹保管,但无次序
		5 级	4	有目录、有次序,且整齐,任何人都能很快使用
5	文件 档案	1 级	0	零乱摆放,使用时找不到
		2 级	1	虽显零乱,但在使用时可以找到
		3 级	2	共同文件被定位,集中保管
		4 级	3	使用机器处理而容易检索
		5 级	4	明确定位,使用目视管理,任何人都能随时使用
合计		级		
备注		一级(差)、二级(较差)、三级(合格)、四级(良好)、五级(优秀)		

4.4.5 整顿活动推进方案

以下是××工厂推进3定5S活动中的整顿活动推进方案,仅供读者参考。

整顿活动推进方案

一、目的

为了对生产现场的物品进行科学合理的布置和摆放，有效推进3定5S管理，提高工作效率和产品质量，保障生产安全，特制定本方案。

二、适用范围

本方案适用于工厂内部3定5S推进过程中的整顿活动。

三、整顿目标

1. 工作现场的物品摆放整齐有序。

2. 各类物品标识清晰，一目了然。

3. 物品取用方便，寻找时间为零。

四、整顿时间

工作现场进行整顿的时间应是结束整理活动之后一周内开始进行。

五、分析现状

1. 在进行整理活动之后，由3定5S推进小组组织进行现场实际情况诊断，并进行分析。

2. 分析步骤包括以下5点。

(1)检查整理工作是否全部完成，确认非必需品是否清理完毕。

(2)将现场工作过程中，物品的传送情况用图纸表示出来。

(3)依据用品就近原则划分各类物品的摆放区域。

(4)查看各类物品是否摆放在规定区域内。

(5)将现场物品的实际分布情况用表格进行记录。

六、明确场所

1. 对现场情况进行分析后，在3定5S推进小组的组织下，各生产车间按照各类物品的使用需求，详细划分各类物品的摆放场所。

2. 用不同颜色的油漆及引线来明确区分各区域用途，具体规定如表4.16所示。

表4.16 区域划分说明表

区域划分	说明
黄色实线	一般通道、区域、固定物品的定位线
黄色虚线	机器设备定位线，表示移动台车、工具车等的停放位置
绿色区域	表示原材料区、成品区
红色区域	表示不合格品区、废品区、危险区
红色斑马线	表示不得进入、不得放置，如配电装置、消防栓、升降梯等区域
黄黑虎纹线	表示警告、警示，如地面突起物、易碰撞处、坑道、台阶等

七、决定放置方法

1. 整顿活动中的物品放置方法及适用对象如表4.17所示。

表 4.17 物品放置方法及适用对象

<table>
<tr><th colspan="2">放置形式</th><th>说明</th><th>适用对象</th></tr>
<tr><td rowspan="2">固定位置</td><td>场所固定</td><td>物品固定放置于区域线内或某一固定位置</td><td>产成品、机器设备、工具等</td></tr>
<tr><td>标识固定</td><td>物品放置标识保持不变</td><td>需防潮、轻放的物品</td></tr>
<tr><td colspan="2">自由位置</td><td>物品放置有一定自由度,不必放回原处,按工艺流程、工序步骤进行流转移动</td><td>原材料、零部件、半成品等</td></tr>
</table>

2. 物品放置具体要求如下所示。

(1)同类物品应集中放置,并按照“先进先出”原则进行取用。

(2)长形物品应横放,或将多个长形物品用绳捆扎束紧后竖放。

(3)各类使用频率高的工具,应依其形状画出外形轮廓,在固定场所定位,以便于拿取、存放。

(4)危险物品应放在特定场所保管,并用栅栏隔离。

(5)文件应按照不同类别装入不同的文件夹,放入文件柜内,并保证柜内物品明显易见。

(6)尽量使用物料架摆放物品,提高空间利用率。

八、明确标识

对整顿区域内的各类实物用标识牌标识区域、类别、物品名称、数量、用途、责任者等信息。具体内容如表 4.18 所示。

表 4-18 标识牌内容说明表

标识牌	标识内容
样板区域标识牌	车间名称、责任人、活动时间
工具架标识牌	班组名称、物品类别(如五金工具类、模具类等)、责任人,物品名称
工具柜标识牌	车间名称、所属货架类别编号、责任人、物品名称
工具、物品定点标识牌	物品类别、物品名称、规格、数量、最大库存、最小库存
文件柜标识	部门名称、文件柜编号、责任人、文件的类别(如常用文件、表单等)
各类管理对象(如配电箱、消防用具等)	车间名称、班组名称、物品名称、物品编号、责任人

九、整顿检查

(一)整顿合格标准

整顿活动结束后,由 3 定 5S 推进小组负责检查整顿的执行情况。具体检查标准如表 4.19 所示。

表4.19 整顿评价标准

整顿项目	合格判定标准	是否合格	备注
机器设备	1. 设备之间摆放距离远近适中,既不影响清扫、维修,也不浪费空间 2. 设备旁备有《操作规程》和《操作注意事项》 3. 设备维修保养相关记录完整		
机台、台车	1. 无多余作业台或棚架,且位置摆放合理 2. 台、架稳固,无晃动 3. 需移动物品的台架要有货轮,方便移动 4. 台、架置于较高的地面上,便于清理		
工装夹具	1. 无多余或具有相同功能的工具 2. 工具放置在离作业现场最近的地方,避免取用和归位时的过多步行和弯腰 3. 频繁使用的工具采用吊挂式或放置在双手展开的最大范围内 4. 工具还原位置有定位标识		
切削工具	1. 常用工具由固定使用者负责管理,其他工具集中由专人负责管理 2. 切削工具摆放方向一致、整齐,无堆压现象,且有定位标识 3. 工具放置区域有防锈设施 4. 采用插孔式放置的工具,其形状、大小应与放置的孔相适应		
材料	1. 材料存放在存放区域内 2. 摆放材料的周转箱或台车的边线一致,便于先进先出 3. 不良品放置在固定场所,并有标识		
配线、配管	1. 配线、配管直线、直角安装,中间安装束套,放置稳固 2. 每条配线、配管的颜色标识准确		
备品配件	1. 摆放位置固定,且有标识 2. 防潮、防锈设施完整		
危险品	1. 严格按照各类危险品存放要求和标准存放 2. 存放处使用警示标识,并标明《使用规定》及《注意事项》 3. 存放处附近配备救护措施,并张贴警示标语 4. 化学品标识注明化学品类型、名称、危险情况及安全措施等		
油类(润滑油、作动油等)	1. 分类放置,以颜色标识进行区分 2. 标识牌清晰,可分辨油的名称、数量及加油周期 3. 防火、公害、安全方面的保护设施完备,无漏油等情况 4. 容器内无灰尘、异物的混入		
清扫用具	1. 放置位置合适,不在配电房或出入口处放置 2. 用悬挂的方式放置,且下设滴水接盘 3. 簸箕、垃圾桶定位放置,且保证稳固		
仓库	1. 仓库内分区、分架、分层摆放不同类型的物品 2. 设置仓库总看板,可对现状一目了然 3. 搬运工具定位摆放,便于使用 4. 使用标准量具,并且严格遵守最高限量基准		

续表

整顿项目	合格判定标准	是否合格	备注
办公室	1. 部门标识准确、完整 2. 办公设备及用品定位准确，且保持整洁，责任人定期检查 3. 资料档案按大、中、小进行分类，并用颜色进行标识 4. 看板、公告栏的版面格局区分标识		

（二）不合格项整改

3 定 5S 推进小组对各车间、各部门的整顿项目判定为不合格的，应由责任部门对不合格项进行限期整改，并经 3 定 5S 推进小组再次检验后才可确认合格。

整顿活动整改效果检验表如表 4.20 所示。

表 4.20 整顿活动整改效果检验表

编号： 区域：

序号	整改内容	责任人	期限	检验人	检验时间	判定结果

5 清扫活动

5.1 清扫活动的理解

5.1.1 识别缺乏清扫的浪费

虽然生产现场已经经过整理和整顿活动，需要的物品马上就能取得，但是被取出的物品要想保持能被正常使用的状态，就需要进行清扫活动。缺乏清扫的浪费如图 5.1 所示。

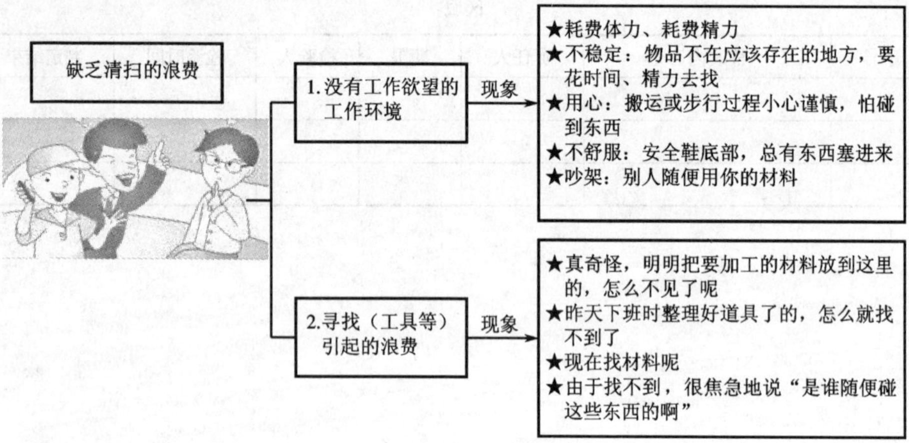

图 5.1　缺乏清扫的浪费

5.1.2 明确清扫活动的目的

清扫是指使工作岗位没有垃圾、灰尘，干净整洁，将设备保养完好，创造一个一尘不染的工作环境的活动。清扫不是唯一的目的，同时也要达到检查的目的，要认识到清扫就是检查。清扫活动的具体目的如下。

目的 1：使工具、物料、设备等能正常使用。

目的 2：保持令人心情愉快、干净亮丽的工作环境，保持良好的工作情绪。

目的 3：减少脏污对产品的影响，稳定质量。

目的 4：实现零故障、零损耗。

目的 5：减少安全事故，防止环境污染。

目的 6：保持整理、整顿活动的成果。

清扫活动如图5.2所示。

5.1.3 把握清扫活动的内容

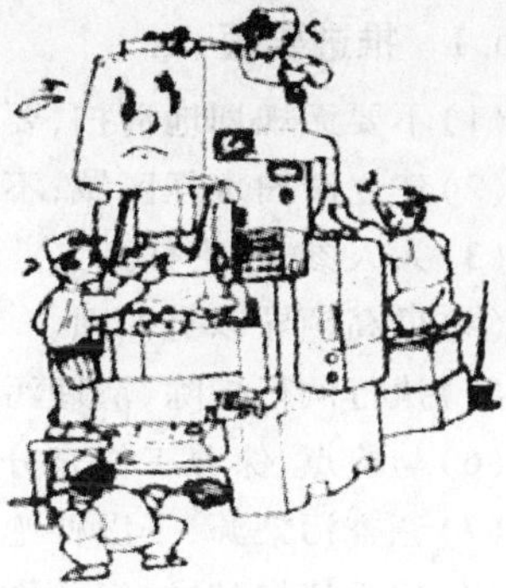

图5.2 清扫活动

清扫活动是为了营造一个整洁的环境，让员工心情变得清爽、舒畅。其主要内容有以下几点。

(1)擦净工作现场所有的地面、墙壁、房顶以及备用品，彻底清除所有灰尘以及异物。

(2)发现设备的异常、松动等，达到全员参与预防、保养的目的，减少事故的发生。

(3)在清扫的同时也达到检查的目的，认识到清扫就是检查。

(4)加强沟通和交流。

值得一提的是，清扫活动不但能够创造、维持一个干净舒适的作业环境，还可以成为一个沟通和交流的渠道，增进员工之间的友谊，培养团队精神。如今工厂越来越强调生产高质量、高附加值的产品，不允许因垃圾或灰尘的污染而造成产品的不良。

5.1.4 掌握清扫活动的难点

清扫活动结束后，物品需保持“取出即能用”的状态，强调对卫生死角的清扫和验收。清扫活动的难点与问题如下。

5.1.4.1 常见的现象

(1)物品连同外包装箱在内一起放在货架上，影响仓库现场的整齐划一。

(2)清扫时只扫货物不扫货架、搁板。

(3)清扫不彻底，有许多卫生死角。

5.1.4.2 常见的问题

(1)只在规定的时间内清扫，平时见到污渍和脏物也不当一回事。

(2)认为清扫只是清洁人员的事，与现场操作人员无关。

(3)清扫对象过高、过远，手不容易够着，于是很少或干脆就不打扫。

(4)清扫工具单一，许多脏物无法清除。

5.1.4.3 活动的难点

(1)清扫活动的难点不在于进行几次大扫除，而是在于如何将此项工作“日常化”。

(2)要做到亲力亲为，平时看到污垢及时清扫，不是只雇用清洁人员进行清扫。

(3)彻底消除卫生死角，消除应付的心态，不敷衍。

5.1.5 抓住清扫活动的要领

清扫并不仅仅是打扫，而是生产作业过程中重要的一部分。通过认真清扫可以发现工厂问题,防患于未然。清扫活动的重点是责任化、标准化、污垢处理。

5.1.5.1 推进要领

(1)不要无规划地清扫,要从制定对策开始。

(2)建立清扫责任区域,不留下死角。

(3)人人参与,责任到人。

(4)最高领导以身作则。

(5)执行例行扫除,清理污垢。

(6)与检点、保养工作充分结合。

(7)调查污染源,予以杜绝或改善。

(8)建立清扫基准,以此作为规范。

5.1.5.2 实施清扫的要点

(1)规定每日的清扫时间为15分钟,并使清扫成为工作的一部分。

(2)明确区分实施清扫的责任人、检查人。

(3)把清扫方法标准化,备全清扫工具。

(4)进行作业服的清洗,养成勤剪头发、指甲以及洗手的习惯。

(5)经常消毒、杀菌,除去地上的水和油污。

5.2 清扫活动推进步骤

清扫活动推进8大步骤如图5.3所示。

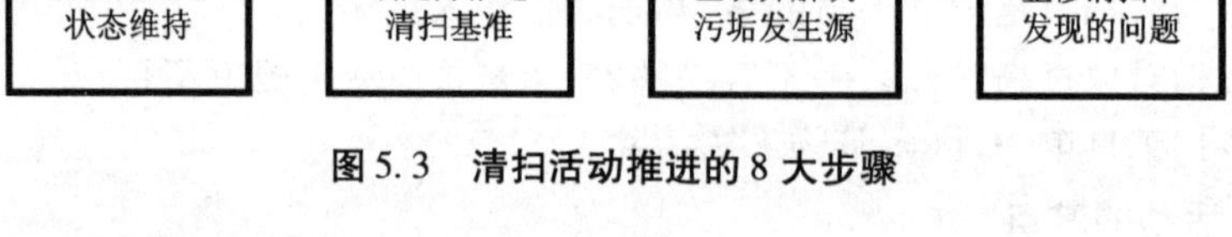

图5.3 清扫活动推进的8大步骤

5.2.1 清扫活动准备

清扫活动的准备工作主要是做好清扫前的培训教育,包括清扫活动的安全教育、工具设备操作培训、清扫工作培训等。具体准备工作如图5.4所示。

5.2.2 实行区域清扫责任制

工厂对于清扫应进行现场区域划分,实行区域清扫责任制,责任到人,消除无人

清扫活动准备——培训教育

安全教育

◎对可能发生的事故，包括触电、油漆腐蚀、尘埃扎伤、灼伤等不安全因素进行警示，例如不能用湿手触摸电线

工具设备操作培训

◎进行设备耐用教育，例如如何减少损失、提高效率等

◎学习工具设备的基本构造，了解其工作原理，绘制简图，对尘垢、漏油、漏气、振动异常等状况的原因进行解析，对工具设备有一定了解

清扫工作培训

◎指导并组织学习相关清扫工作的作业指导书，明确清扫工具、清扫的位置，提出润滑、装卸等作业的方法及具体操作步骤等基本要求

图 5.4 清扫活动的准备工作

清理的状况，具体操作方式如下。

(1)利用工厂平面图，把生产现场区域划分到各部门，再划分到每一个人。

(2)标示各责任区及负责人。

(3)各责任区应细化成各自的定置图。

(4)各公共区在必要时可采用轮流值日的方式。

(5)绘制清扫区域图，分区域标示各自的负责人姓名并公示。

需注意的是，清扫工作必须做到责任到人，但也需要做到互相帮助。实行区域清扫责任制如图 5.5、5.6 所示。

图 5.5 实行区域清扫责任制

清扫区域责任看板	
清扫区域	A1～B1
清扫负责人	张秀敏
清扫时间	星期一全星期五 早晨 07：30—07：50

图 5.6 清扫区域责任看板

5.2.3 从岗位扫除一切污垢

作业人员要自己动手清扫，清除常年堆积的灰尘、污垢，不留死角，将地板、墙壁、天花板甚至灯罩的里边都要打扫得干干净净。

在工作岗位内设置一个区域,在这个区域内,所有看得到的或看不到的,所有物品与机器设备都要进行清扫。

清扫工作需遵循“从大到小,从上到下,从里到外,从角落到中央”的原则。

5.2.4 例行扫除并清理污垢

例行扫除并清理污垢的工作内容及安排如图5.7所示。

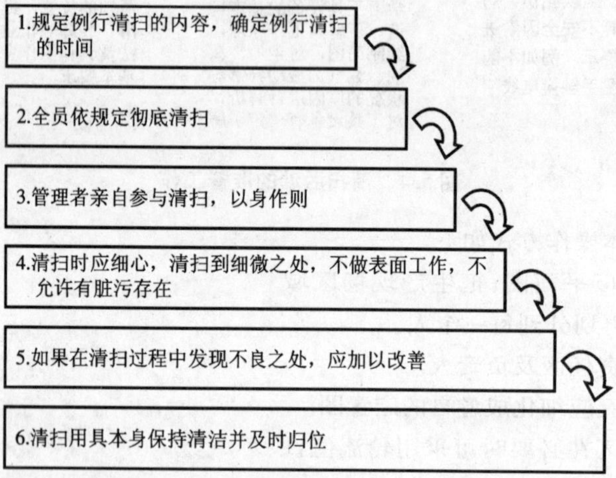

图5.7 例行扫除并清理污垢的工作内容及安排

5.2.5 整修清扫中发现的问题

工厂在做清扫工作的同时也是在做检查工作,包括看得到的和看不到的地方。对清扫工作中发现的问题,要及时进行整修。清扫发现的问题举例如下所示。

(1)地板凹凸不平,使搬运车辆中的产品因摇晃或碰撞而导致的问题。

(2)对于松动的螺栓要马上紧固,补上丢失的螺丝、螺帽等配件。

(3)对于需要做防锈保护、润滑的部位要按照规定及时加油或保养。

(4)更换老化的或可能破损的水、气、油等各种管道。

(5)只有通过清扫,才能随时发现工作场所的机器设备或一些不容易看到的地方需要维修或保养,才能及时添置必要的安全防护装置。

(6)已经老化或被老鼠咬坏的导线要及时地更换并予以处理。

5.2.6 查明并解决污垢发生源

污垢与灰尘是生产现场一切异常与不良的根源,例如电路板上的脏污是短路及断路的主因、机器上残留的切屑会影响到精度、加工时切削油的流淌会造成马达过热甚至烧坏等。工厂在推进3定5S活动时,需查明污垢的发生源,从而采取措施予以杜绝或改善。

5.2.6.1 调查污垢的发生源

污垢的发生源，主要是由于“跑、滴、冒、漏”等原因造成的，具体如下所示。

(1)跑：可能是仪表变动得特别快。

(2)滴：可能是油管或水管出现滴油或滴水，分外在的和内在的两种。

(3)冒：冒气、冒油、冒烟是线路产生了故障。

(4)漏：漏油、漏水。

5.2.6.2 明确污垢情况并采取对策

(1)即使每天进行清扫，这些油脂、灰尘或碎屑还是会四处遍布，要彻底地解决这些问题还需要查明污垢的发生源，从根本上去解决问题。

(2)必须通过每天的清扫工作，查明冒烟、滴油、漏油、漏水的问题所在，随时查明这些污垢的发生源，从根本上解决这些问题。

(3)制定污垢发生源的明细清单，按计划逐步地改善，将污垢从根本上清除。

5.2.6.3 清扫后检查

清扫后要检查效果，具体可以检查以下内容。

(1)污垢是否清除。

(2)是否杜绝了机器设备产生污垢的来源。

(3)是否对地面(设备周围、通道、堆放物品场所、办公室、楼梯等)进行了彻底清扫。

(4)对地面损坏的地方是否进行了修补和涂覆。

(5)对机器设备是否进行了擦拭和检查等。

5.2.7 制定并推进清扫基准

除了责任到人外，还需要建立一套清扫的基准，制定一份清扫制度，促进清扫工作的标准化，以确保现场的干净整洁。清扫基准应包含的内容如图5.8所示。

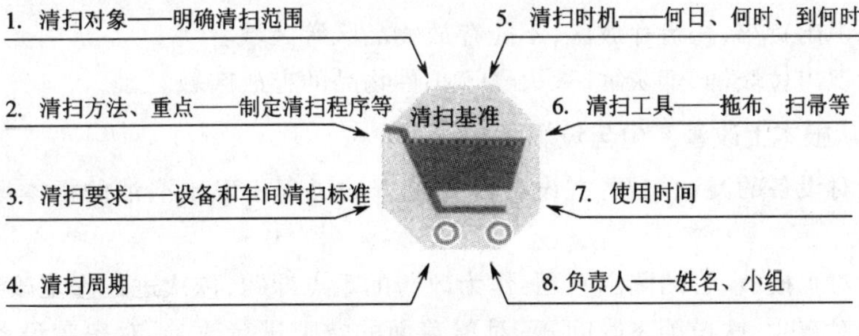

图5.8 清扫基准需包含的内容

5.2.8 清扫检查与状态维持

清扫活动除了清除“脏污”，保持工作场所内干净明亮，还要排除一切干扰正常工作的隐患,防止和杜绝各种污染源的产生。

清扫要用心来做,必须人人动手,认真对待,养成良好的习惯。清扫检查与维持工作可采取以下4种措施,具体如图5.9所示。

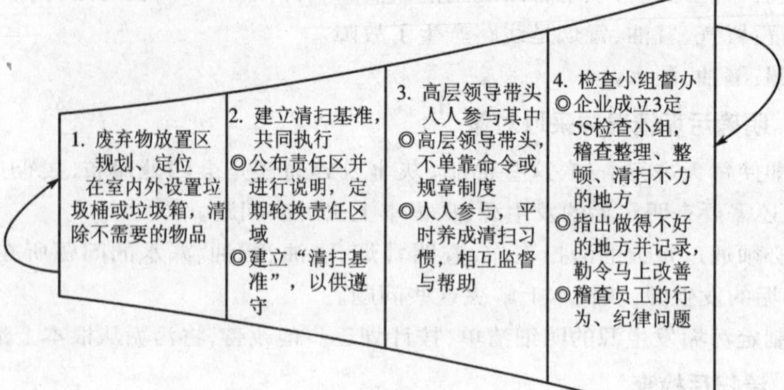

图5.9 清扫检查与维持管理措施

5.3 清扫活动具体实施

5.3.1 区域地面清扫

5.3.1.1 首先用扫帚清扫

每天由监督人员带头进行清扫。

5.3.1.2 整顿区域划分线

(1)标识出通道区域线。

(2)标识出货车、托盘存放区,不能存放物品区等区域。

(3)标识出垃圾桶、烟灰缸、灭火器等小件物品的存放区域。

5.3.1.3 从根本上改善灰尘与垃圾污染

(1)针对设备的漏油问题:在设备清扫检查的过程中发现漏油的根本原因并进行改善。

(2)针对水槽、水管的漏水问题:作为改善的重点课题,依次进行修复改善。

(3)针对灰尘、铁粉等飞散问题:对覆盖面的空隙进行改善,对覆盖设备进行检查,细致观察。

(4)针对粉尘的堆积问题:处理粉尘飞散、撒落等问题,对投入方法与回收方法进行改善。

(5)针对垃圾、灰尘等带来的污染问题:在出口铺设灰尘垫,但不要在上面跺脚,要选用能够让人们在行走过程中自然去除灰尘的灰尘垫。

5.3.1.4 细微的部分(容易忽视)也要进行彻底的清扫

(1)地面上的油渍要利用去垢物质反复擦洗。

(2)在水泥地面上涂上蜡或其他涂料,以便防尘。

(3)绝对不能附着灰尘的精密仪器的车间,要做到一点灰尘都没有的程度。

(4)清扫范围要包括墙壁、楼梯以及拐角等地方。

5.3.2 机器设备清扫

设备应是一尘不染、干干净净的,始终保持良好状态。设备本身及其附属的辅助设备都要进行清扫,看不到的内部结构也要注意清扫。

5.3.2.1 清扫是检查

即使不是设备专家,在擦洗的过程中也可能会感觉到设备异常,从而发现问题。这就是所谓的清扫检查(如图5.10所示)。

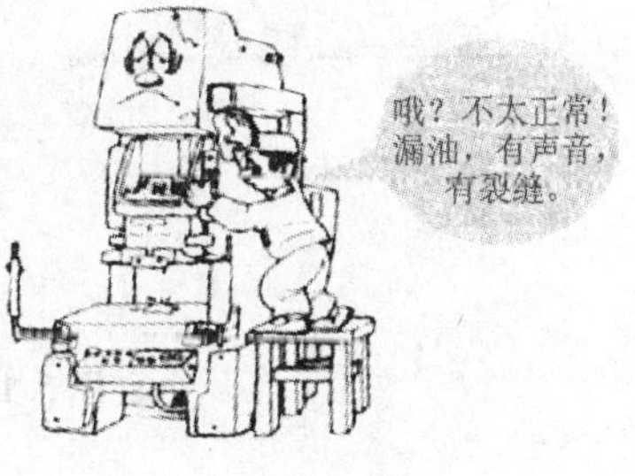

图5.10 清扫是检查

5.3.2.2 若不清扫,容易经常出现故障

用脏了的设备没有清扫就扔在一边,是设备发生故障的原因之一。因为没有清扫。所以不能对设备进行细致检查,没有进行细致检查的设备容易发生故障问题。

5.3.2.3 摆脱故障,进行优良生产的方法

某些设备维修过多次但是仍频繁发生故障,针对这样的设备应先进行清扫检查,然后再进行细致、精密的改善。清扫与故障发生率关系示意图如图5.11所示。

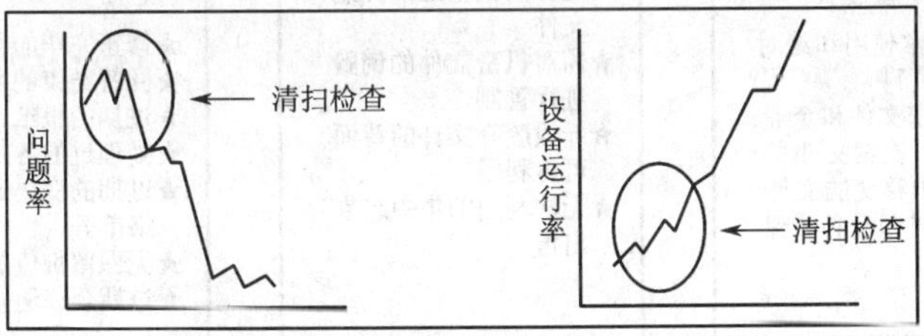

图5.11 清扫与故障发生率关系示意图

5.3.2.4 设备每日清扫关键

设备每日清扫关键如图5.12所示。

进行清扫活动时,应边清扫边改善设备的状态,把设备的清扫与检查、保养润滑结合起来。清扫就是点检,通过清扫污秽、灰尘,尤其是将原材料加工时剩余的那些东西清除掉,并采取相应的弥补措施,使设备处于完好、整洁的状态。

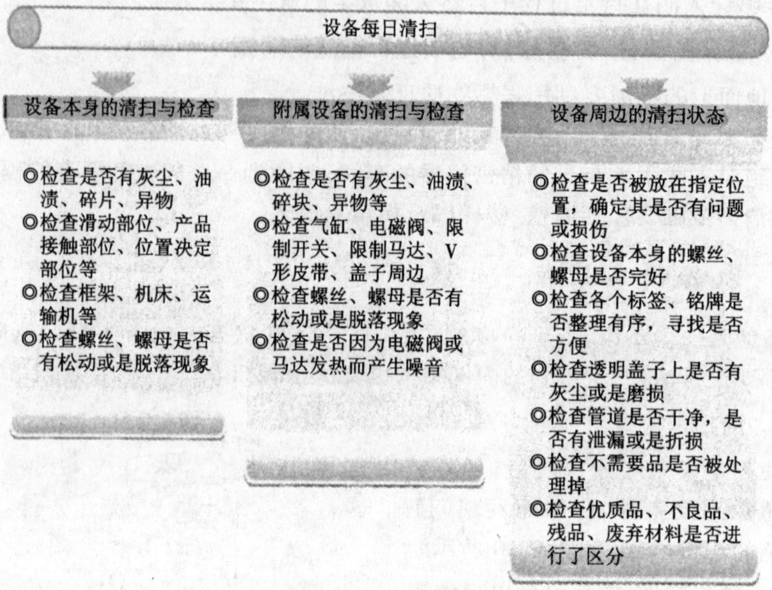

图 5.12　设备每日清扫关键

5.3.3　资料文件清扫

资料文件清扫工作如图 5.13 所示。

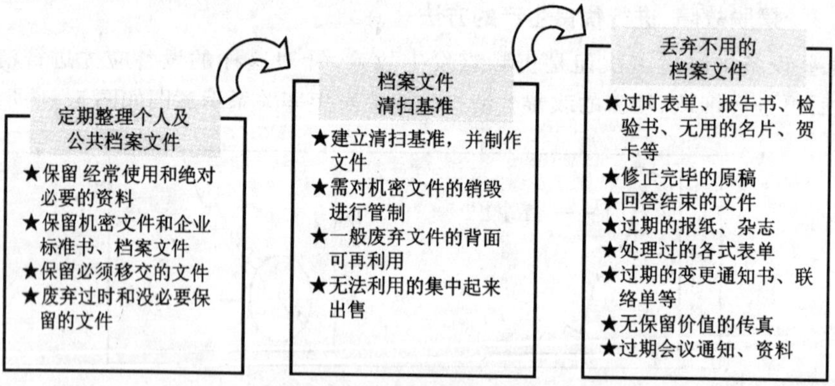

图 5.13　资料文件清扫

清洁用的扫帚、拖把、抹布等清洁用具较脏，所以清洁用具的摆放位置不宜规划在明眼的地方，有碍美观，应集中放置于现场外围或工具柜内。

5.3.4　灰尘垃圾清扫

5.3.4.1　灰尘垃圾引起的慢性不良事例

（1）涂层上有灰尘、破损问题。

(2)由于音响问题而产生的精密回路零件的噪音。

(3)旋转机器的摩擦痕迹。

(4)液压器的磨痕。

(5)光学仪器的异物问题。

(6)药品、医疗机器的异物问题。

(7)精密板材、片材细微的凹凸。

(8)精密电子产品的异物问题。

(9)染色流程中的污染。

5.3.4.2 灰尘垃圾清扫执行关键

(1)掌握垃圾、污物的本质。把不良品全部收集到一起,分析垃圾以及污物产生、进入、传播的途径。

(2)环境的彻底清扫。

(3)注意局部的盲点。

5.3.4.3 局部盲点示例

(1)清洁场地中供气管内的灰尘。

(2)将垫子等带入清洁场地。

(3)异物随着空气流动侵入。

(4)气缸排气、漏气过程中的油雾。

(5)洗涤剂的污染。

5.4 清扫活动推进工具

5.4.1 清扫区域责任表

清扫区域责任如表5.1所示。

表5.1 清扫区域责任表

区域序号	区域色别	清扫内容	清扫时间	清扫要求	责任人	备注

5.4.2 清扫值日检查表

清扫值日检查表如表5.2所示。

表 5.2 清扫值日检查表

现场区域	责任人	值日检查内容
机器设备区	赵××	机器设备是否干净、无灰尘
检查区	钱××	作业场所、作业台是否杂乱，垃圾桶是否经过清理
计测器区	孙××	计测器摆放是否整齐，柜面是否干净，柜内有无杂物
休息区	李××	地面无杂物，休息凳摆放是否整齐
夹具区	周××	夹具摆放是否整齐，夹具是否干净
不良品区	吴××	地面无杂物，除不良品外无其他零件和杂物存放
零件规格放置区	郑××	柜内零件规格摆放整齐，标识明确
文件柜及其他	王××	文件柜内是否干净，柜内物品是否摆放整齐
备注	(1)此表由责任人每天进行维护，从下班前15分钟开始 (2)其他包括清洁器具放置、柜、门窗、玻璃等	

5.4.3 清扫例行检查表

清扫例行检查表如表5.3所示。

表 5.3 清扫例行检查表

部门/车间				班组				区域编号					
责任人				照片									
5S现场清扫内容				现场5S实施确认									
区域	清扫部位	清扫周期	要点及目标	周一	周二	周三	周四	周五	周一	周二	周三	周四	周五	…
墙	表面玻璃	1次/月	无油垢、无灰尘、无破损											
地面	表面台下	2次/天	无油垢、无脏污、无物下落											
现场物品	摆放状态	1次/天	整齐(水平、直角)干净											
看板	摆放状态	1次/天	整齐(水平、直角)干净											
桌椅	摆放状态	1次/天	整齐(水平、直角)干净											
…														
备注	◎:良好(绿色) ○:中等(蓝色) ▲:及格(黄色) ※:较差(红色)													

5.4.4 污垢处理明细单

污垢处理明细单如表5.4所示。

表 5.4 污垢处理明细单

序号	车间	污垢发生源	描述	改善措施	预计费用	预计完成日	责任人	主管经理	备注

5.4.5 清扫活动查核表

清扫活动查核表单如表 5.5 所示。

表 5.5 清扫活动查核表单

项次	检查项目	等级	得分	查核标准
1	通道	1 级	0	有纸屑、铁屑及其他杂物
		2 级	1	虽无脏物,但地面不平整
		3 级	2	有水渍、灰尘
		4 级	3	能及时进行清扫
		5 级	4	定期清扫,地面干净、整洁、光亮
2	作业场所	1 级	0	有纸屑、铁屑及其他杂物
		2 级	1	虽无脏物,但地面不平整
		3 级	2	有水渍、灰尘
		4 级	3	零件、材料、包装物存放不妥
		5 级	4	定期清扫,地面干净、整洁、光亮
3	办公桌、作业台、工作椅	1 级	0	文件、工具、零件摆放杂乱
		2 级	1	桌面、作业台面布满灰尘
		3 级	2	桌面、作业台面虽干净,但破损未修理
		4 级	3	桌面、台面干净整齐
		5 级	4	除桌面外,椅子及四周均干净、亮丽
4	窗、墙壁、天花板	1 级	0	任凭破损
		2 级	1	有破损但仅需简单处理
		3 级	2	乱贴挂不必要的物品
		4 级	3	还算干净
		5 级	4	干净、亮丽、舒爽

续表

项次	检查项目	等级	得分	查核标准
5	设备、工具、仪器	1级	0	有生锈现象
		2级	1	虽没有生锈,但有油垢
		3级	2	有轻微灰尘
		4级	3	保持干净
		5级	4	有清扫措施,并随时清理
合计		级		
备注		一级(差)、二级(较差)、三级(合格)、四级(良好)、五级(优秀)		

5.4.6 清扫活动推进方案

以下是××工厂推进3定5S活动中的清扫活动推进方案,仅供读者参考。

清扫活动推进方案

一、目的

为保证工作场所、设备仪器的干净、清洁,保持洁净、宽敞、明亮的工作环境,维护生产安全,减少工业灾害,保证产品质量,特制定本方案。

二、适用范围

本方案适用于工厂3定5S推进过程中的清扫活动。

三、清扫活动实施目标

(1)保持良好的工作环境。

(2)提高设备性能,减少设备故障。

(3)减少污物对产品质量的影响。

(4)通过改善作业环境减少工业伤害事故。

四、清扫对象

生产现场的清扫项目及具体内容如表5.6所示。

表5.6 清扫项目及具体内容

清扫项目	具体内容
场所	制品仓库、零件仓库、材料仓库、工厂内半成品放置处、零件放置处、生产线内放置处、工具棚架、书桌、椅子等
设备	机器、设备、工具、刀具、量具、模具、车辆、搬运工具、作业台、备品配件等
空间	地面、作业区、通道、墙壁、梁柱、天花板、窗户、房间、电灯等

五、清扫办法

1. 清扫主要用具

清扫主要用具及使用说明如表5.7所示。

表 5.7 清扫主要用具及使用说明

清扫用具	使用说明
扫帚	用于清扫切屑或粉末散落的现场和地面上的灰尘
拖把	用于擦拭地板,包括机器设备放置位置的角落
抹布	用于擦拭作业台、办公桌、机器设备的内外表面,灰尘多的情况下用湿抹布,灰尘少或常要磨光、擦干或去油污时使用干抹布
专用清洗剂	用于特殊地点的清扫,如显示屏、玻璃、精密仪器等

2. 清扫要求

清扫要求包括以下 3 点。

(1)清扫前应断开机器设备的电源,确保清扫场所内无通电物品。

(2)清扫时,应使用相应的清洗剂或清水,不得使用易燃、易挥发的有机溶剂清洗设备。

(3)清扫后,清扫用具的摆放应符合定置摆放要求,扫帚、拖把悬挂摆放,下方有盛装容器;抹布清洗干净后集中晾晒,晒干后放置于规定位置。

六、清扫前培训

由 3 定 5S 推进小组组织进行清扫前培训,具体内容如表 5.8 所示。

表 5.8 清扫前培训内容列表

培训项目	具体内容
安全意识	(1)安全事故的原因剖析 (2)不安全因素的构成及预防方法 (3)常见事故的紧急处理方法 (4)抢救及伤口包扎方法
设备知识	(1)设备的基本构造及工作原理 (2)如何防止设备老化,减少故障 (3)尘垢、漏油、漏气、震动、异常等常见问题的处理
清扫技能	(1)清扫工具、清扫位置及清扫对象的相关知识 (2)清扫工作的标准及作业流程 (3)特殊操作技能的训练

七、区域责任划分

区域责任划分由 3 定 5S 小组负责,具体步骤包括以下 4 项。

(1)绘制工作场所位置图。

(2)区分各清扫对象的位置,将工作场所进行责任区域划分。

(3)分配清扫任务。

(4)将任务分配情况统计到生产现场清扫区域责任统计表内,向生产人员公布。

八、清扫工作执行

(1)3 定 5S 推进小组组织执行生产现场的清扫,具体工作标准如表 5.9 所示。

表 5.9　清扫工作标准

序号	名称	项目	方法	清扫要点	周期
1	地面	通道区 作业台下	用扫帚清扫完垃圾和尘土后,用拖把擦净	地面垃圾、尘土 卫生死角	1 次/天
2	天花板、墙壁	墙角 电灯	用鸡毛掸清扫墙角上的灰尘及蛛网,用干抹布擦拭电灯	墙角上的灰尘、蛛网,电灯上的灰尘	1 次/周
3	窗户	玻璃 窗框	用玻璃清洗剂擦窗户,用湿布擦拭窗框后,再用干抹布擦干	玻璃表面污渍 窗框缝隙积尘	1 次/周
4	台面、棚架、橱柜等	外表面 内表面	用湿抹布擦拭后再用干抹布擦干	表面污垢、灰尘 内部油污	1 次/周
5	机器设备	外表面 内表面	用湿抹布进行擦拭后,再用干抹布擦净	表面灰尘 不常打开的部位	1 次/周
6	电脑	主机、显示器、键盘、鼠标	用专用清洗剂擦拭显示器屏,用湿抹布擦拭主机、显示器、键盘及鼠标外表面	主机、显示器及键盘上的污渍和积灰	1 次/3 天
7	空调	出风口、入风口、外表面、顶部及周边环境	用湿抹布蘸肥皂水擦拭,再用干抹布擦净(电气部分除外)	设备上的灰尘、污垢,设备背面及平时不打开的部位	1 次/周

(2)对机器设备进行检查、保养,并针对问题部位进行维修,具体工作标准如表 5.10所示。

表 5.10　设备维护保养工作标准

检查项目	检查要点	整修办法	周期
开关和电气操作系统	开关是否可以控制设备的正常运行与关闭 仪表液位指示是否准确 机器传动是否有异常声音或发热,是否有漏油、异味、松动或震动现象	对接触不良、老化扭坏的部分进行更换或维修,紧固松动部位	1 次/周
润滑、油压系统	供油口是否有破损或堵塞 油量显示是否准确,油箱是否完好 输油管道是否有破损或堵塞 油泵工作是否有异常现象	对损坏部位进行维修或更换,清理堵塞管道,更换可能老化、破损的管道	1 次/周

续表

检查项目	检查要点	整修办法	周期
电、气控制系统	控制台是否洁净、无污垢 显示灯、显示屏是否完好、显示正常 限位开关是否有效工作 马达、控制器、传感器等是否运行正常	清理控制台和显示屏污垢,更换接触不良的线路	1次/周
空气压缩系统	空气过滤器是否破损或堵塞 控制阀是否漏气或松动 气缸是否有破损或漏气 排气装置是否堵塞	清理堵塞部位、润滑运转部位,更换破损、漏气的管道	1次/周

九、污垢发生源控制

(1)3定5S推进小组针对清扫过程中的污垢集中点组织相关人员进行调查分析,查找污垢发生源,并制作污垢发生源明细单及改善计划。

(2)改善计划经总经理审批通过后,由各相关车间部门落实执行,3定5S推进小组负责监督。

十、清扫检查

1.检查内容

清扫活动结束后,由3定5S推进小组组织各部门进行清扫效果检查,检查项目主要有以下3个方面。

(1)是否对地面、墙壁、天花板、窗户等处进行彻底清扫。

(2)是否对机器设备进行了全面的清洗和保养维护。

(3)是否清除了污染源。

2.检查办法

检查办法如下所示。

(1)检查人员使用"白手套检查法"进行检查。

(2)检查人员双手戴白色、干净的手套,在检查区域内的相关部位进行来回刮擦。

(3)向清扫责任人展示手套是否有污垢,证明清扫工作的执行效果。

(4)清扫责任人应配合检查人员实施检查,并对不合格部位进行限期改善。

3.检查注意事项

检查注意事项如下所示。

(1)检查有油脂、油墨的工序操作现场时,可使用白纸、白布代替白手套进行检查。

(2)检查人员必须向责任人展示检查结果,帮助其认识清扫工作缺陷并制定改进方案。

(3)检查人员的刮擦部位应不断变换,不得流于形式。

(4)对检查结果有异议者,应向3定5S推进小组进行申诉。

(5)由3定5S推进小组汇总检查结果，并监督改善工作的执行。

5.4.7 3定5S清扫制度

以下是××工厂推进3定5S活动中清扫活动的基准规范制度，仅供读者参考。

3定5S清扫制度

第1部分 总则

第1条 为规范3定5S活动的清扫工作，确保活动的有效推进，保障活动效果，特制定本制度。

第2条 本制度适用于工厂现场推进3定5S活动中的清扫工作。

第3条 清扫工作原则如下。

(1)养成良好的习惯和意识，每天拿着扫帚、抹布仔细清扫设备、通道、岗位等位置。

(2)清扫就是点检，在清扫的过程中发现异常，把握设备的缺陷，防患于未然。

(3)清扫就是改善，能自己动手改善的就亲自动手，不能只请专业部门帮忙。

第4条 清扫工作实施步骤如表5.11所示。

表5.11 清扫工作实施步骤

流程步骤	权责人	重点事项	相关表单
确定清扫对象	各部门主管	决定哪些区域、物品或空间需要清扫	
确定清扫责任人	各部门主管	决定每个区域的清扫责任人	清扫区域责任分配图
确定清扫方法	各部门主管	决定每个区域、每种物品的清扫方法	
确定清扫工具	各部门主管	不同的区域采用不同的清扫工具，并对工具进行有效的管理	
实施清扫	责任人	按照规定的责任区以及清扫方法进行清扫	

第2部分 确定清扫对象与清扫方法

第5条 现场的清扫对象大致可分为物品场所、设备场所、空间场所三大类，具体如表5.12所示。

表5.12 工厂现场清扫对象

清扫对象		备注
物品场所	制品仓库、零件仓库、材料仓库、工厂内半成品放置处、零件放置处、生产线内半成品放置处、机器工程内放置处、工具的放置处	物品形状、属性各异，放置的场所不同
设备场所	机器、设备、焊具、工具、刀具、测定具、模具、车辆、搬运工具、工具箱、桌子、椅子、预备箱	让机器设备充分发挥性能

续表

清扫对象		备注
工作场所	地板、作业区、通道、墙壁、柱子、天花板、窗台、房间、灯具	保持干净才能有良好的情绪工作，同时能提升员工素质

第 6 条　确定清扫责任人的步骤如图 5.14 所示。

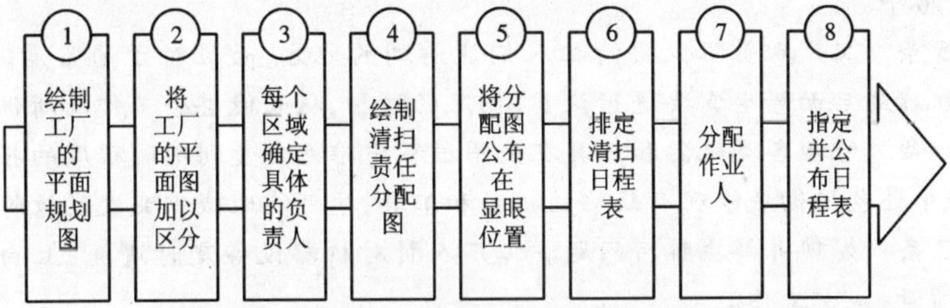

图 5.14　确定清扫责任人的步骤示意图

第 7 条　工厂已规划并实行现场各区域清扫责任制，具体请参照“清扫区域责任表”“清扫值日检查表”等。

第 3 部分　确定清扫方法

第 8 条　工厂需明确上班前 5 分钟和下班前 5 分钟是清扫时间，并使其习惯化。

第 9 条　各责任人员需确定当天要做的清扫作业顺序，并且必须在 5 分钟内完成，因此要抓住清扫的重点。

第 10 条　为保证在 5 分钟内有效进行清洁工作，各清洁人员应注意以下 3 点。

(1) 如果每天都要清扫，则需决定清扫顺序。

(2) 不必每天清扫的，制定每周检查表。

(3) 将检查表贴在现场进行检查。

第 4 部分　确定清扫工具

第 11 条　理清各个负责区域、负责人的清扫对象，针对每个清扫对象决定其清扫工具。

(1) 扫帚：在有切屑或粉末的现场，首先要用扫帚清扫地面。

(2) 拖把：主要用于地板的擦拭。

(3) 毛巾、砂纸：一般用于作业台、办公桌、机器类的擦拭。例如，灰尘或污垢多的地方使用湿抹布，磨光或去除油污时使用干抹布或砂纸。

第 12 条　在每个清扫区域准备作业所需的用具，并将清扫工具的数量在放置场所公布。

第 13 条　用具的放置要做到方便拿取、方便归还。

(1) 预估需要的数量并进行分散放置。

(2) 清扫用具最好能够单独摆放。

(3) 清扫工具保管的基本原则是离地悬挂管理。

(4)制作合适的竖立式保管架。

(5)在每个工具的位置上标明名称。

(6)在保管架上面标明管理者(规格:长400 mm×150 mm)

第5部分 实施清扫

第14条 清扫工作的重点对生产现场进行彻底的清扫,杜绝污染源,及时维修异常的设备。清扫过程根据整理、整顿的结果,将不需要的物品清除掉,或者标识出来放在仓库中。

第15条 工厂人员不仅要清扫人们能看到的地方,而且对于通常看不到的地方,例如机器的后面等也需要进行认真、彻底的清扫,从而使整个工作场所保持整洁。

第16条 修理各类机器和工具在使用过程中难免会受到不同程度的损伤,在清扫的过程中还包括彻底修理有缺陷的机器和工具,尽可能地减少突发的故障。

第17条 发现并解决脏污问题。工厂人员对机器设备定时清洗、上油,拧紧螺丝,稳定质量,减少工伤。

第18条 杜绝污染源。污染源是造成无法彻底清扫的主要原因。工厂需分析、明确污染源,并制定解决措施,彻底解决污染问题。

第19条 清扫方法如下所示。

(1)清扫地板的缝隙、墙角、柱子周围的垃圾及灰尘。

(2)擦拭墙壁、门窗等上的灰尘、污垢。

(3)彻底清除垃圾、纸屑、碎片、粉屑、油污、油渍、锈斑、尘、沙、涂料等污染物。

(4)使表面恢复原状。

(5)污垢不容易清洗时,可用去污粉清洗。

(6)一定要全员参与。

(7)机器设备的清扫要由作业员自行进行。

第20条 生产现场在不同情况下的清扫对策也不同,具体如表5.13所示。

表5.13 生产现场不同情况下的清扫对策

序号	现象	重点描述	对称
1	垃圾、脏污	粉尘、切屑、垃圾、涂料、其他脏污	清扫
2	油	漏油、渗油、油脏污、油量不足、油品种不对	加油、换新油、清扫、修理
3	温度、压力	太高、不足、冷却水的温度异常,超出制动装置的标准	恢复、修理恢复原状
4	松弛、脱落	螺栓、螺母松动、磨损,垫片磨损,铆接、焊接松动	锁紧、更换复原修理
5	破损	玻璃破损,导柱断裂,导线老化,导管破损,转动部位卡死、异音,把手破损、破裂,开关破损	更换、复原修理

第21条 清扫工作主要检查内容如表5.14所示。

表 5.14 生产现场不同情况下的清扫对策

序号	清扫检查范围	检查内容
1	接触原材料/制品的部位，影响质量的部位（传送带、容器、配管内、光电管、测定仪器）	有无堵塞、摩擦、磨损等
2	控制盘、操作盘内外	有无不需要的物品、配线，有无老化部件，有无螺丝类的松动、脱落
3	设备驱动机器、部品（桩条、桩轮、轴承、马达、风扇、变速器等）	有无过热、异常音、震动、缠绕、磨损、松动、脱落等
4	润滑油	泄漏飞散
5	仪表类（压力、温度、浓度、电压、拉力等指针）	指针摆动、指示值失常、有无管理界限、点检的难易度等
6	配管、配线及配管附件（电路、液体、空气等的配管、开关阀门、变压器等）	有无内容、方向、开关状态等标识，有无不需要的配管器具，有无裂纹、磨损
7	设备框架、外盖、通道、立脚点	点检作业难易度（明暗、阻挡看不见、狭窄）
8	其他附属机器（容器、搬运机器、叉车、升降机、台车等）	液体、粉尘泄漏、飞散，原材料投入时的飞散，有无搬运器具点检
9	机器、工具的放置、取用（点检/检查器械、润滑器具/材料、保管棚、备品等）	计量仪器类的脏污、精度等

第 22 条 在清扫过程中，工作人员必须手拿扫帚、手握毛巾，并使之逐渐成为习惯。

第 6 部分 附则

第 23 条 本制度由工厂 3 定 5S 推进委员会制定，解释权归其所有。

第 24 条 本制度经总经理审批通过后，自发布之日起执行。

6 清洁活动

6.1 清洁活动的理解

6.1.1 理解清洁活动的含义

清洁是指维持干净的状态，没有灰尘以及垃圾，在问题发生时一眼就能发现问题，也就是强调要能够用眼识别现场正常与否。

清洁活动需把整理、整顿、清扫（3S）贯彻到底，做到标准化、制度化、规范化，并维持良好局面，巩固成果，又称为“3S 活动”。

清洁活动是 3 定 5S 活动中的稳定、提升阶段，即对现有不足作出反省、采取对策，并为活动的深入做铺垫。

什么是标准化？

标准化是用来确保改善的效果，使之能继续维持下去。“标准”此处可定义为“做事情的最佳方法”。

本阶段需充分开展自检、互检、他检工作，要对“清洁度”进行检查，制定出详细的明细检查表，以明确“清洁的状态”。所谓清洁的状态，包括 3 个要素，具体如图6.1所示。

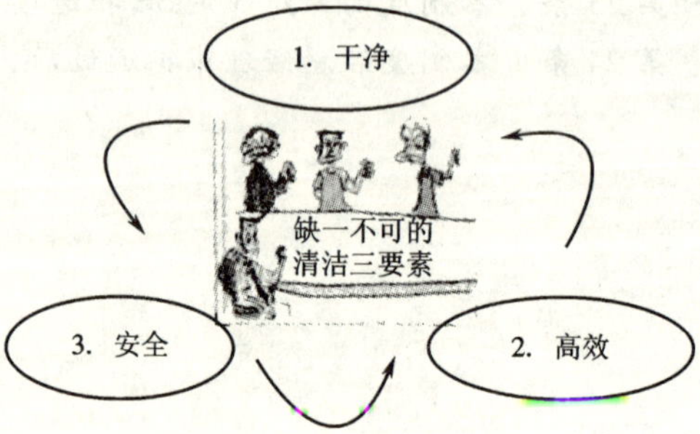

图 6.1　清洁三要素

在 3 定 5S 活动中，清扫与清洁是连续性的步骤。发现问题而不加以改善，问题依然会存在，改善而不制定标准贯彻执行，则问题将不断再发生。为了使 3 定 5S 活动具有实际成效，必须在日常作业过程中落实 4S。

6.1.2 明确清洁活动的目的

为机器、设备清除油垢、尘埃是“清扫”，而长期保持这种状态就是清洁。清洁活动的主要目的与作用如下所述。

目的 1：维持，即维持整理、整顿、清扫后取得的良好效果，成为人人必须严格遵守的固定制度。

目的 2：改善，即对已取得的良好成绩不断进行持续改善，使之达到更高、更好的效果。

目的3：贯彻与推进，即充分贯彻5S管理理念，推进3定5S活动。

目的4：激励，即寻找、运用有效激励的办法，让企业全体员工每天都能对企业正在进行的5S评价活动持有饱满的热情。

目的5：奠定基础，为标准化、企业文化建设奠定基础。

目的6：推进目视管理。

6.1.3 把握清洁活动的内容

6.1.3.1 清洁活动的具体工作内容

清洁活动的具体工作内容如表6.1所示。

表6.1 清洁活动的具体工作内容

清洁工作分类	具体清洁检查内容	备注
开始工作前要做的事情	确认今天一天要做的工作 作业内容是什么 作业所需的物品是否准备齐全（零部件、治具、工具类、作业指导书、搬运工具等） 机器、设备的状态如何 是否能按作业标准进行作业 是否能达成每小时的目标量	
工作休息时间结束后要做的事情	产品质量和生产量是否能按目标执行完成 作业中有没有发生问题 是否有向前、后道工序提供特别帮助 各种物品是否定量、定点存放 对不良品是否采取任何措施	
作业结束后要做的事情	负责区域（设备）的清扫（检验）是否进行 明天要使用的物品（资材、工具等）是否准备齐全 是否有要特别准备的物品 各种治具、工具是否放回固定的位置	
设备自身清扫、检验	是否沾上灰尘、油渍、废品、异物等 螺栓、螺母等是否有松动或脱落现象	
附属设备的清扫、检验	是否沾上灰尘、油渍、废品、异物等 螺栓、螺母等是否有松动或脱落现象 是否有因阀门或马达发热而导致的异常噪声	
设备周边清扫状态	工具类是否整顿在固定位置上，是否有缺少或损坏 机器上面是否随便放置了螺栓、螺母等 各标签、铭牌是否整顿干净、易找 透明保护套是否有灰尘、污点 排管是否干净，有没有弯折或渗漏现象 良品、不良品、修理品、废品等经整理后是否容易区分 废品是否都装在废品箱里	

6.1.3.2 清洁活动的工作重点

清洁活动的工作重点如下所示。

(1)一切清洁工作都要标准化、规范化。

(2)落实目视管理、标识管理。

(3)注意现场的异常并及时处理。

小贴士:清洁的意识与态度

对于日常工作,首先应正确理解怎么做才能预防浪费,然后实践到行动中去,可以说这也是现场工作人员的义务,需要养成很自然的执行状态,即素养(习惯化)。

6.1.4 掌握清洁活动的难点

清洁的目的是切实采取行动将干净、整洁持续下去。

6.1.4.1 常见的现象

突击打扫很卖力,清洁维持难长久。

6.1.4.2 常见的问题

(1)为了应付检查评比经常搞突击性卫生打扫,事后不注意维持清洁效果。

(2)简单地停留在打扫干净的认识上,以为只要扫干净就是清洁,其他方面并没有多大的改善。

(3)清洁活动的对象只限于现场所管理的物品,对库房顶上、窗户外面等不进行清洁。

6.1.4.3 活动的难点

(1)清洁工作需制定方针并经过充分地讨论,谋求上下全体人员的统一意志。

(2)整理、整顿、清扫并非仅是其本身的目的,它们还是消除浪费的有效手段。

(3)清洁不是简单地搞卫生,不能简单地停留在打扫层面。

6.1.5 抓住清洁活动的要领

工厂需根据前面3S活动的结果,结合清洁活动的难点与问题分析,抓住清洁活动的重点,确保顺利、有效地开展清洁活动。

(1)落实前面的3S工作,将清扫阶段的问题点加以分类,有针对性地实施对策。

(2)施行目视管理、颜色管理。

(3)制定5S实施办法。

(4)制定并加强执行各类标准书、评比办法及奖惩制度,尤其是有关质量、安全方面的作业标准。

(5)维持3定5S意识。

(6)工厂及部门领导带头巡察,带动全员重视5S活动。

注:5S活动一旦开始,就不可在中途变得含糊不清,如不能贯彻到底,又会形成另外一个问题,而这个问题也会造成工厂内保守而僵化的气氛,要打破这种保守、僵

化的现象，唯有花费更长的时间来改善。

6.2 清洁活动推进步骤

清洁活动推进 7 大步骤如图 6.2 所示。

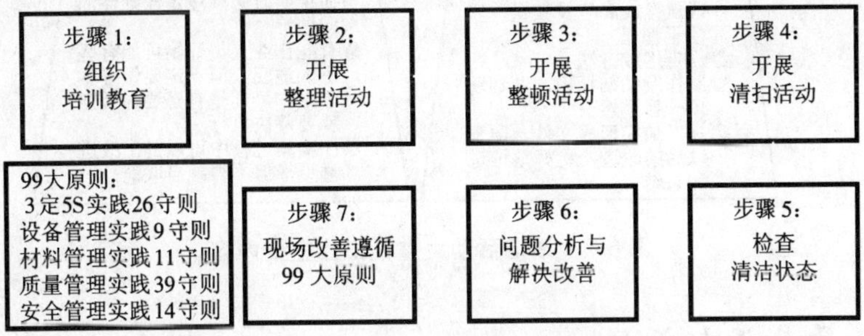

图 6.2　清洁活动推进 7 大步骤

6.2.1 组织培训教育

谋求上下全体人员的统一意志，是清洁活动容易被忽视之处，也是难点之一。

清扫阶段往往忽略了对员工的培训教育，导致不同员工因有不同的理解而造成行动结果的不同，无法贯彻 3 定 5S 活动或达不到预期的效果。

清洁阶段工厂需把 3 定 5S 的基本理念、操作标准对全体员工进行长期而耐心的教育。

6.2.2 开展整理活动

整理是区分生产现场的必需品和非必需品，并清除非必需品的过程。整理活动的具体工作参照本书第 3 章的内容，同时，需要注意以下几点。

(1)3 定 5S 活动人员在区分必需品与非必需品时，需向现场作业人员进行确认说明，清楚地说明一些相关事情，提高清洁效率。

(2)清洁是贯彻整理、整顿、清扫标准化的一个流程，应将非必需品迅速从岗位上全部撤走，如发现问题及时解决。

(3)非必需品没有必要留在现场，必须全部撤走，绝对不能用推托的心态来对待。

6.2.3 开展整顿活动

整顿具体实施工作请参照本书第 4 章“整顿活动推进”。

整顿活动工作的主要内容如图 6.3 所示。

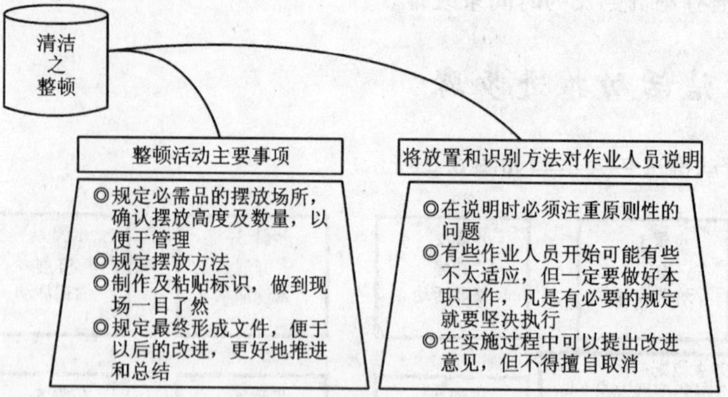

图 6.3 清洁活动之整顿工作主要内容

6.2.4 开展清扫活动

清扫具体实施工作请参照本书第5章清扫活动推进。清扫工作的重点是划区域线，明确各责任区和责任人。

只有规定了责任范围和责任人，严格地按规定去做，3定5S活动才能进行下去，才能实现预期目标。

6.2.5 检查清洁状态

为确保清洁活动顺利、有序、高质量、有效展开，让前面推进的3S能持续维持和改善，清洁活动需检查清洁状态，包括地面的清洁状态、窗户和墙壁的清洁状态、工具和工装的清洁状态、操作台上的清洁状态、设备的清洁状态、货架和放置物资场所的清洁状态等，发现现场的问题点，并不断进行改善。

工厂要为消除不断发生的浪费，坚持不懈地进行3定5S。下面列举发现现场问题的检查明细项目。

6.2.5.1 现场5大任务检查

现场5大任务是指质量（Q）、成本（C）、交期（D）、安全（S）、士气（M）。现场5大任务检查内容如表6.2所示。

表 6.2 现场5大任务检查表

区分	项目	判断	项目	判断
质量	（1）不良是否减少	□是□否	（5）分布是否过散	□是□否
	（2）再作业是否减少	□是□否	（6）偏差是否过大	□是□否
	（3）废品是否减少	□是□否	（7）是否引起损失	□是□否
	（4）索赔是否减少	□是□否	（8）是否引起异常	□是□否

续表

区分	项目	判断	项目	判断
成本	(1)是否节约经费	□是□否	(5)时间是否有效利用	□是□否
	(2)效率是否提高	□是□否	(6)资材是否有浪费	□是□否
	(3)工数是否减少	□是□否	(7)基本成本是否减少	□是□否
	(4)作业是否存在浪费	□是□否	(8)生产性是否提高	□是□否
交期	(1)生产量是否遵守计划	□是□否	(5)故障是否减少	□是□否
	(2)交付期是否延迟	□是□否	(6)作业速度是否提高	□是□否
	(3)库存是否过剩	□是□否	(7)工期是否缩短	□是□否
	(4)数量差错是否减少	□是□否	(8)顺序是否简单化	□是□否
安全	(1)灾害是否减少	□是□否	(5)是否使用安全装备	□是□否
	(2)疲劳度是否减少	□是□否	(6)危险品的取给是否改善	□是□否
	(3)环境是否改善	□是□否	(7)危险区域标识是否明示	□是□否
	(4)是否整理/整顿	□是□否	(8)卫生管理是否改善	□是□否
士气	(1)人际关系是否良好	□是□否	(5)现场是否美化	□是□否
	(2)欲望是否提高	□是□否	(6)创意研究是否顺利进行	□是□否
	(3)改善提案是否活跃	□是□否	(7)是否充分考虑对方心情	□是□否
	(4)出勤率是否提高	□是□否	(8)是否会享受工作的乐趣	□是□否

6.2.5.2 现场4M观点

现场4M是指作业人员(Man)、设备工具(Machine)、原材料(Material)、方法(Method)。现场4M检查内容如表6.3所示。

表6.3 现场4M检查表

区分	项目	判断	项目	判断
作业人员	(1)是否遵守标准	□是□否	(6)是否有经验	□是□否
	(2)作业效率是否良好	□是□否	(7)人员配置是否合理	□是□否
	(3)是否有问题意识	□是□否	(8)是否始终充满斗志	□是□否
	(4)责任感是否强烈	□是□否	(9)人际关系是否良好	□是□否
	(5)是否有熟练技术	□是□否	(10)健康状态是否良好	□是□否

续表

区分	项目	判断	项目	判断
设备工具	(1)是否符合生产能力	□是□否	(6)是否有异常噪声	□是□否
	(2)是否符合工序能力	□是□否	(7)配置是否合适	□是□否
	(3)供油是否充分	□是□否	(8)数量上是否过多或过少	□是□否
	(4)是否有故障	□是□否	(9)是否整理和整顿	□是□否
	(5)精度是否有缺陷	□是□否		
原材料	(1)数量是否有错误	□是□否	(6)是否有浪费	□是□否
	(2)等级是否有错误	□是□否	(7)取给方法是否合适	□是□否
	(3)商标是否有错误	□是□否	(8)是否任意放置在工序中	□是□否
	(4)是否有异常材料混入	□是□否	(9)配置是否合理	□是□否
	(5)库存量是否合适	□是□否	(10)质量水平高不高	□是□否
方法	(1)作业标准的内容好不好	□是□否	(6)顺序是否合适	□是□否
	(2)作业标准是否改正	□是□否	(7)作业准备工作好不好	□是□否
	(3)方法是否安全	□是□否	(8)温度、湿度是否合适	□是□否
	(4)是否是生产优质品的方法	□是□否	(9)照明、通风是否合适	□是□否
	(5)是否是提高效率的方法	□是□否	(10)前后工序的连接好不好	□是□否

6.2.5.3 现场消除“3 不”工作检查

现场“3 不”是指不合理、不均衡、不必要，需消除或减少。其检查内容如表 6.4 所示。

表 6.4 现场消除“3 不”工作检查表

区分	项目	判断	项目	判断
不合理	(1)人员上是否不合理	□是□否	(7)材料上是否不合理	□是□否
	(2)技能上是否不合理	□是□否	(8)生产量上是否不合理	□是□否
	(3)方法上是否不合理	□是□否	(9)库存量上是否不合理	□是□否
	(4)时间上是否不合理	□是□否	(10)地点上是否不合理	□是□否
	(5)设备上是否不合理	□是□否	(11)思考方式上是否不合理	□是□否
	(6)治具工具上是否不合理	□是□否		

续表

区分	项目	判断	项目	判断
不均衡	(1)人员是否不均衡	□是□否	(6)治具、工具上是否不均衡	□是□否
	(2)技能上是否不均衡	□是□否	(7)资材上是否不均衡	□是□否
	(3)方法上是否不均衡	□是□否	(8)库存量上是否不均衡	□是□否
	(4)时间上是否不均衡	□是□否	(9)地点上是否不均衡	□是□否
	(5)设备上是否不均衡	□是□否	(10)思考方式上是否不均衡	□是□否
不必要	(1)人员上是否不必要	□是□否	(7)资材上是否不必要	□是□否
	(2)技能上是否不必要	□是□否	(8)生产量上是否不必要	□是□否
	(3)方法上是否不必要	□是□否	(9)库存量上是否不必要	□是□否
	(4)时间上是否不必要	□是□否	(10)地点上是否不必要	□是□否
	(5)设备上是否不必要	□是□否	(11)思考方式上是否不必要	□是□否
	(6)治具工具上是否不必要	□是□否		□是□否

6.2.5.4 现场5W1H检查

现场5W1H指谁(Who)、做什么(What)、在哪(Where)、什么时候(When)、为什么(Why)、怎么做(How)。工厂可针对现场的实际状况提出5W1H问题,以检查现场是否可给出明确的答案,由此评估现场状态,发现并解决问题。现场5W1H检查表如表6.5所示。

表6.5 现场5W1H检查表

区分	项目	判断	项目	判断
谁(Who)	(1)计划谁做	□是□否	(4)是否有只能做这件事情的人	□是□否
	(2)谁正在做	□是□否	(5)是否有能安排来只做这件事情的人	□是□否
	(3)谁做更好	□是□否	(6)是否有人在做着“3不”	□是□否
做什么(What)	(1)计划做什么	□是□否	(4)是否有人只能做这件事情	□是□否
	(2)正在做什么	□是□否	(5)是否安排有人来做的事情	□是□否
	(3)做什么好	□是□否	(6)是否在做着某些“3不”	□是□否
在哪(Where)	(1)计划在哪里做	□是□否	(4)有没有其他地方可以做	□是□否
	(2)正在哪里做	□是□否	(5)是否要换个地方做	□是□否
	(3)在哪里做好	□是□否	(6)是否在做“3不”	□是□否
什么时候(When)	(1)计划什么时候做	□是□否	(4)有没有其他时间可以做	□是□否
	(2)什么时候开始做	□是□否	(5)是否有只能做的时间	□是□否
	(3)什么时候做好	□是□否	(6)时间上是否有“3不”	□是□否

续表

区分	项目	判断	项目	判断
为什么（Why）	(1)为什么那个人做	□是□否	(4)为什么那个时间做	□是□否
	(2)为什么做那件事	□是□否	(5)为什么那么做	□是□否
	(3)为什么在那里做	□是□否	(6)思考方式上是否有“3不”	□是□否
怎么做（How）	(1)计划怎么做	□是□否	(4)其他地方是否能使用该方法	□是□否
	(2)正在怎么做	□是□否	(5)是否有需要替换的方法	□是□否
	(3)怎么做好	□是□否	(6)方法上是否有“3不”	□是□否

6.2.6 问题分析与解决

清洁活动应将前面3S检查出的问题点进行分类分析，采取针对性的解决措施。一般将问题区分成自主解决改善、专门小组解决改善两类，具体操作如图6.4所示。

自主解决改善	专门小组解决改善
自主改善的部门在发现问题后，制作问题改善对策作为今后培训及制定标准的参考。	委托专门小组改善问题点。在专门小组进行改善时，现场人员应一起参与讨论与学习。

图6.4 清洁阶段现场问题分析与解决

6.2.7 现场改善遵循99条守则

在生产现场揭示99条守则，让任何人都能看到，并应用到实践中，打好现场基础，这对维持前面所述的3S(整理、整顿、清扫)有很大帮助。

1.3定5S实践26守则

(1)每天日常工作前与后，安排时间清扫。

(2)现场的物品用搬运容器装载。

(3)资材保存区域规定最大、最小库存量。

(4)不必要的物品要明示处理方法。

(5)放在地板上的物品，必须用线做标识。

(6)放在机床上的物品，必须标注品名。

(7)不能让零部件等掉落在现场地板上。

(8)清除作业台的铁粉、油渍、污水等。

(9)当天不需要的物品，不放在周边。

(10)定物、定量、定位。

(11)所有物品在使用完毕后放回原位。

(12)作业台、机器上不放任何不需要的物品。

(13)橱柜、储物柜里不放任何不需要的物品。

(14)使用频率高的作业工具放在最近的地方。
(15)文件保管箱要标注内存物品。
(16)明确清扫负责区域。
(17)减少现场的噪声或震动。
(18)经常换气,清除现场的灰尘。
(19)清扫方法要标准化。
(20)通过鼓舞士气和指导检验,引导生活化。
(21)管理监督人巡查现场,指出问题并进行教育。
(22)组织、运营检查班。
(23)通过目视管理的实践,推进改善活动。
(24)现场纪律要手册化,进行彻底的培训。
(25)定期会议,对5S活动结果进行报告和评价。
(26)照明设备的灰尘要定期清除。

2.质量管理实践39守则

(1)所有作业按作业标准进行。
(2)作业指导书要正确传达到工序,充分应用。
(3)重要工序要做标注,重点管理。
(4)4M发生变化,一定要做变更点申报。
(5)变更点管理需包含在作业指导书中。
(6)不合理事项要查明原因,制定对策及管理。
(7)制定并执行工序异常处理措施要有标准。
(8)为了解不良原因,不良品要另做保管。
(9)所有检查做好记录,进行质量记录管理。
(10)原材料及库存要遵守先入先出原则。
(11)所有测量设备做好检查和校正后使用。
(12)制定工序异常判断标准,发生时立即报告。
(13)根据采购、供应商选择标准选定外包商。
(14)所有检查只有通过验证的人员才能进行。
(15)种类的定义要明确,要能区分和识别。
(16)现货及记录管理要做到入库、出库、发货时都能查到质量记录。
(17)定期对外包商进行评价和管理。
(18)进行目标管理。
(19)从制度上保护产品图纸及新技术。
(20)要明确产品保证检查标准及步骤。
(21)工序的异常要通过标准化防止再发生。
(22)新产品批量生产前由相关部门检验质量。
(23)作业中发生的质量异常,要以文字化的形式传达给下一道工序。

(24)不良品要如同优良品一样珍惜保管。

(25)取给时掉落的产品按不良处理。

(26)工序有异常时,作业人员要停止生产线。

(27)对不良环节进行管理和改善。

(28)停止生产线后,只有生产线管理者有权重启。

(29)工序异常从3现注意(现场、现物、现实)出发掌握情况。

(30)工序异常根据5 Why进行原因分析。

(31)外包商需保证零部件质量。

(32)揭示当前的作业目标和实绩。

(33)管理者要利用早会时间传达当天目标。

(34)个人当天目标必须要完成。

(35)管理者要利用晚会时间传达当天成果。

(36)文件最新改正情况要被识别与管理。

(37)文件的发放、回收、废弃要按步骤进行。

(38)经营方针要按部门分解,制订详细推进计划,并按计划执行。

(39)制订并执行人才培养培训计划。

3. 设备管理实践9守则

(1)设备周边不能漏油或漏水。

(2)所有设备按规定的检验标准进行周期检验。

(3)检验标准要明确标注正常或异常。

(4)防止设备周围散落原材料或废资材。

(5)设备检验周期要按日、周、月、年区分。

(6)要掌握各生产线及设备的生产能力。

(7)设备标准尺寸要能用眼睛去观察正常或不正常。

(8)设备检验表的检验项目顺序要与实际检验顺序一致。

(9)为了设备保修,要规定、维持零部件的适当库存。

4. 材料管理实践11守则

(1)原材料及库存必须遵守先入先出原则。

(2)有有效期的材料,要让有效期明显。

(3)要另外保管好有温度和湿度要求的材料。

(4)需要异物管理的材料,要另外保管,防止异物混入。

(5)每天都要确认材料的库存数量。

(6)材料必须由被授权的人进行出入库管理。

(7)材料的出入库情况要及时进行记录。

(8)掌握库存的适当性,并进行管理。

(9)掌握长期库存及恶性库存,并进行管理。

(10)需遵守工序间规定的最小标准在制数量。

(11)资材的搬运尽量做到少量多运。

5. 安全管理实践 14 守则

(1)开始作业前做安全检查。

(2)必须佩戴指定的安全护具。

(3)轻微的安全事故也要进行报告,采取预防措施。

(4)每月进行 1 次消防安全训练和检查。

(5)各个机器在使用前,必须做安全及性能检验。

(6)设备安全装置不能随意停止。

(7)抬起物品时,挺直腰,利用腿的力量。

(8)用手搬运的物品要在 20 kg 以下。

(9)作业人员进行作业操作时,不能弯曲或扭转身体。

(10)作业时要确保充分的空间,让双腿可以自由移动。

(11)将眼前不需使用的危险物品放进保管箱内。

(12)作业时,作业台不能摇晃,确保稳定状态。

(13)喷射成型机等机器的安全装置要在油压、电、机器的各个部位安装。

(14)机器有噪声、异常启动等现象时,先关闭设备,然后立即联系负责人。

6.3 清洁活动具体实施

6.3.1 通道清洁

通道清洁表如表 6.6 所示。

表 6.6 通道清洁表

清洁场所	通道	3 定 5S 督办人	
项目	检查内容		责任人
整理	(1)弯道过多,机器搬运车通行不便 (2)行人和货物的通道混用 (3)作业区与通道混杂在一起		
整顿	(1)未对通道位置进行标识 (2)被占为他用 (3)坑洼,凹凸不平,行人、车辆不易通行 (4)被占物品摆放超出通道		
清扫	(1)灰尘多,行走过后有痕迹 (2)有积水、油污、纸屑、灰尘、脏污 (3)很久未打蜡或刷漆,表面锈迹斑斑		

6.3.2 货架清洁

货架清洁表如表6.7所示。

表6.7 货架清洁表

清洁场所	货架	3定5S督办人
项目	检查内容	责任人
整理	(1)现场到处都有货架,几乎变成了临时仓库 (2)货架与摆放场所的大小不相适应,或与所摆放之物不相适应 (3)不用的货物、设备、材料都堆放在上面	
整顿	(1)摆放的物品没有识别标识,除了当事人之外,其他人一时都难以找到 (2)货架或物品堆积得太高,不易拿取 (3)不同的物品层层叠放,难于取放 (4)没有按"重低轻高"的原则来摆放	
清扫	(1)物品连同外包装在内,一起放在货架上,清扫困难 (2)只清扫货物却不清扫货架 (3)布满灰尘、脏污 (4)物品已放了很久也没有再次确认,很有可能变质	

6.3.3 设备清洁

设备清洁表如表6.8所示。

表6.8 设备清洁表

清洁场所	设备	3定5S督办人
项目	检查内容	责任人
整理	(1)现场有不使用的设备 (2)残旧、破损的设备仍有人使用却没有进行维护 (3)过时、老化的设备仍在勉强运作	
整顿	(1)使用暴力,野蛮操作设备 (2)设备放置不合理,使用不便 (3)运作的能力不能满足生产需求 (4)缺乏必要的人身安全保护装置 (5)没有定期进行保养和校正,精度有偏差	
清扫	(1)有灰尘、脏污之处 (2)有生锈、褪色之处 (3)渗油、滴水、漏气 (4)导线、导管全都破损、老化 (5)滤气、滤水等装置未及时更换 (6)标识掉落,无法清晰地分辨	

6.3.4 作业台清洁

作业清洁表如表 6.9 所示。

表 6.9 作业台清洁表

清洁场所	作业台、椅子	3 定 5S 督办人	
项目	检查内容		责任人
整理	(1)现场放置不用的作业台、椅子 (2)杂物、私人品藏在抽屉或台垫下 (3)将材料包装放在台面上 (4)台面上放置当天不用的材料、设备、夹具		
整顿	(1)物料凌乱地搁置在台面上 (2)作业台、椅子等都无标识 (3)作业台、椅子的尺寸和形状大小不一、高低不平、五颜六色,非常不雅 (4)台面上下各种电源、信号线、压缩空气管道等各种物品乱拉乱接、盘根错节		
清扫	(1)设备和工具破损、掉漆 (2)到处是灰尘、脏污、材料余渣、碎屑残留 (3)墙上、门上乱写乱画 (4)表面干净,实际上却脏污不堪 (5)垫布发黑,许久未清洗		

6.3.5 办公台清洁

办公台清洁表如表 6.10 所示。

表 6.10 办公台清洁表

清洁场所	办公台	3 定 5S 督办人	
项目	检查内容		责任人
整理	(1)不能用的文具也放置在办公台上 (2)私人物品随意放置 (3)茶杯、烟灰缸放在办公台上 (4)堆放了许多文件、报表 (5)办公台多于作业台,几乎所有的管理人员都配有独立的办公台 (6)每张办公台都有 套相同的办公文具,未能做到共用 (7)办公台台面干净,抽屉里边却杂乱无章		

续表

整顿	(1)现场办公台的摆放位置主次不分 (2)办公台用做其他用途 (3)台面上的办公文具、电话等没进行定位 (4)公共物品放在个人抽屉里 (5)抽屉上锁,其他人拿不到物品	
清扫	(1)办公文具、电话等物品污迹明显 (2)台面上的办公垃圾多日未倒 (3)台面脏污,物品摆放杂乱无章,并且积有灰尘	

6.3.6 文件资料清洁

文件资料清洁表如表6.11所示。

表6.11 文件资料清洁表

清洁场所	文件资料	3定5S督办人	
项目	检查内容		责任人
整理	(1)过期的仍在使用 (2)个人随意复印留底 (3)各种新旧版本并存 (4)需要的人员没有,无关人员反倒很多 (5)保密文件无人管理,任人随意阅读		
整顿	(1)未能分门别类,也没有用文件柜、文件夹来存放 (2)没有定点摆放,四处都有,要用的时候不能及时找出 (3)文件种类繁多,难以管理 (4)接收、发送都未记录或未留底稿 (5)即使遗失了,也没有人知道		
清扫	(1)复印不清晰,难以辨认 (2)随意涂改,没有负责人 (3)文件破损、脏污 (4)文件柜、文件夹等污迹明显 (5)没有防潮、防虫、防火等措施		

6.3.7 公共场所清洁

公共场所清洁表如表6.12所示。

表6.12 公共场所清洁表

清洁场所	公共场所	3定5S督办人	
项目	检查内容		责任人

续表

整理	(1)空间用来堆放杂物 (2)洗涤物品与食品混放 (3)排水、换气、调温、照明等设施不全 (4)消防通道堵塞 (5)洗手间男女不分,时常出现令人十分尴尬的场面
整顿	(1)区域、场所无标识 (2)无整体规划图 (3)物品无定位、定置 (4)逃生路线不明确 (5)布局不合理,工作效率低
清扫	(1)玻璃破损,不能挡风遮雨 (2)门、窗、墙被乱涂乱画 (3)墙面发黑,地面污水横流 (4)采光不好,视线不佳 (5)无人定期进行必要的清洁、消毒 (6)外层污迹明显,无人擦抹

6.4 清洁活动推进工具

6.4.1 清洁活动查核表

清洁活动查核表如表6.13所示。

表6.13 清洁活动查核表

项次	检查项目	等级	得分	查检状况
1	通道和工作区	1级	0	没有划分
		2级	1	有划分,但不流畅
		3级	2	画线清楚,地面未清扫
		4级	3	画线清楚,地面有清扫
		5级	4	通道及作业区感觉舒畅
2	地面	1级	0	有油渍或水渍
		2级	1	油渍或水渍显得不干净
		3级	2	没有污垢、划痕
		4级	3	经常清理,没有脏物
		5级	4	地面干净、亮丽,感觉舒畅

续表

项次	检查项目	等级	得分	查检状况
3	办公桌、作业台、椅子、架子、会议室	1级	0	很脏乱
		2级	1	偶尔清理
		3级	2	虽有清理,但还是显得很脏乱
		4级	3	自己感觉良好
		5级	4	任何人都觉得很舒服
4	洗手台、厕所等	1级	0	容器或设施脏乱
		2级	1	破损未修补
		3级	2	有清理,但还有异味
		4级	3	经常清理,没异味
		5级	4	干净、亮丽,还加以装饰,感觉舒服
5	储物室和杂物间	1级	0	阴暗潮湿
		2级	1	虽阴暗潮湿,但有通风
		3级	2	照明不足
		4级	3	照明适度,通风好,感觉清爽
		5级	4	干净、整齐,感觉舒服
合计		级		
备注		一级(差)、二级(较差)、三级(合格)、四级(良好)、五级(优秀)		

6.4.2 改善项目报告书

改善项目报告书如表6.14所示。

表6.14 改善项目报告书

管理编号:	编写人	批准	业务	经理	改善小组
题目			所属部门		
作业书序			制作日期	____年____月____日	
问题	改进内容		改善结果		

续表

改善前(照片或图画)	改善后(照片或图画)

6.4.3 清洁活动推进方案

以下是某工厂3定5S推进活动中清洁活动的推进方案,仅供参考。

清洁活动推进方案

一、目的

为了维持和改善生产现场的整理、整顿、清扫成果,使整理、整顿、清扫活动规范化、标准化、制度化,美化工作环境,提升企业形象,特制定本方案。

二、适用范围

本方案适用于工厂内部3定5S推进过程中的清洁活动。

三、职责划分

(1)3定5S推进小组负责清洁制度的制定、清洁工作的计划与组织实施工作。

(2)生产现场工作人员负责按照清洁制度落实责任区域内的清洁工作。

四、清洁实施步骤

清洁工作的实施步骤如图6.5所示。

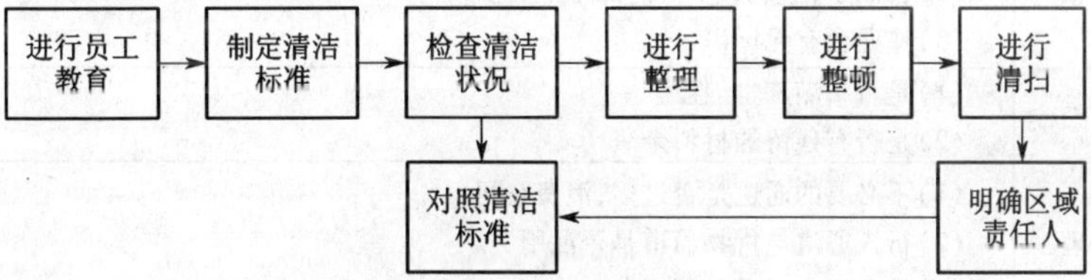

图6.5 清洁实施步骤图

五、教育培训

对生产现场工作人员进行必要的培训,主要培训内容包括以下4点。

(1)3定5S管理观念及心理准备。

(2)整理、整顿、清扫活动的目的与目标。

(3)整理、整顿、清扫活动的工作规范与操作标准。

(4)清洁活动的实施流程与具体要求。

六、清洁标准

(一)制定清洁标准

由3定5S推进小组负责制定清洁标准,并按照清洁标准对整理、整顿、清扫成果进行检验,确定当前的清洁程度。清洁检查标准如表6.15所示。

表6.15　清洁检查标准

检查项目		清洁标准
空间	整理	(1)生产现场是否堆放杂物 (2)地板上是否摆放垃圾或不用物品
	整顿	(1)区域、场所是否有标识 (2)是否有整体位置规划图,且物品定位放置 (3)紧急通道是否标识,布局是否合理
	清扫	(1)地面、墙面是否清洁、无污渍 (2)门、窗、墙上是否有涂画现象 (3)玻璃是否完好、洁净
设备	整理	(1)现场是否有不需要的设备 (2)残旧、破损的设备是否仍在使用
	整顿	(1)是否有违规操作行为 (2)设备放置是否合理 (3)标识牌是否脱落或无法清晰辨认
	清扫	(1)设备是否有灰尘、脏污、生锈、褪色、渗油、滴水和漏气之处 (2)导线、导管是否破损、老化 (3)是否及时更换漏油、漏气和漏水装置 (4)是否定期保养和校正,安全防护装置是否正常
作业台	整理	(1)现场是否有不用的作业台 (2)台面上是否放置当天不用的材料、设备或用品 (3)是否有无法使用或多余的物品
	整顿	(1)台面上物品放置是否凌乱 (2)台面是否形状不一、高低不平、色彩各异 (3)作业台有无标识
	清扫	(1)是否布满灰尘、胜污 (2)是否有残留的材料余渣
通道	整理	(1)不必要的通道是否过多,浪费空间 (2)行人通道与货物通道是否混用 (3)作业区与通道是否混杂
	整顿	(1)通道位置是否标识 (2)通道是否被占用 (3)通道地面是否凹凸不平
	清扫	(1)是否有灰尘、积水、油污、纸屑和脏污 (2)设备是否长期未打蜡或刷漆

续表

检查项目		清洁标准
棚架	整理	(1)棚架数量是否过多 (2)棚架上是否放置不用的物品、用具或材料
	整顿	(1)摆放的物品是否因没有识别标识而难以找到 (2)棚架是否过高或物品堆积过高,不易拿取 (3)不同的物品是否层层叠放
	清扫	(1)物品是否同包装一同放于棚架上,导致清扫困难 (2)棚架上是否堆积灰尘 (3)物品是否因放置时间过久而变质
文件柜	整理	(1)是否新旧文件并存,难以分清 (2)过期文件是否仍在使用 (3)文件柜内是否存放其他无用物品
	整顿	(1)文件柜是否分类存放文件,并有标识 (2)各类文件是否定位放置 (3)文件接收、发送是否有记录和底稿
	清扫	(1)文件柜内外是否干净、无污渍 (2)文件夹、文件是否破损、脏污 (3)是否采取了防潮、防虫、防火措施
办公台	整理	(1)办公用具是否过多,且有无法使用的文具存在 (2)抽屉内是否有杂物、私人物品
	整顿	(1)办公台是否挪作他用 (2)办公用具、电话是否实施定位管理 (3)办会台、抽屉是否有标识牌
	清扫	(1)台面是否脏污、杂乱无章 (2)办公用具、电话等物品是否有污渍 (3)办公垃圾是否按时倾倒

(二)制作清洁检查用表

由5S推进小组制作清洁检查用表,具体参照表6.16。

表6.16 清洁检查用表(示例)

序号	项目	检查时间					
		8:00	10:00	12:00	14:00	16:00	18:00
1							
2							
3							
4							
…							
备注	合格用"√"表示,不合格用"×"表示						

七、执行整理

(1)根据清洁检查情况分析,由部门负责人在5S推进小组的指导下确定责任区域内整理工作的目标和计划。

(2)生产现场工作人员根据计划进行整理工作,区分必需品和非必需品,并对非必需品进行处理。

(3)整理结束后,由部门负责人检查执行效果,并对不合格项提出改善要求。

八、执行整顿

(1)现场工作人员根据实际条件和作业规范、要求,合理地规定必需品的摆放位置,以便取拿方便。

(2)确认摆放高度、宽度及数量,制作醒目标识,做到一目了然。

(3)由部门负责人对整顿效果进行检查,改善不合格项。

九、清扫并明确责任人

(1)各部门对作业现场进行清扫,消除灰尘、垃圾、油渍及其他污物。

(2)由部门负责人监督执行清扫工作,并随时纠正不合格项目。

十、清洁责任制度化

(1)由部门负责人将生产现场划分为多个清洁责任区。

(2)部门负责人为各清洁责任区指派责任人,并在标识牌上明确说明。

(3)部门负责人定时检查各清洁区域的清洁状况,并进行清洁度分析和执行效果评价。

7 素养活动

7.1 素养活动的理解

7.1.1 理解素养活动的含义

3 定 5S 活动的最后一个阶段是素养（又称习惯化），即让工厂现场的规则、规定、作业方法等成为现场人员的习惯，在无意识的状态下也能遵守。工厂需赏罚分明，引导工作人员下定决心遵守规定。3 定 5S 的素养活动说明如图 7.1 所示。

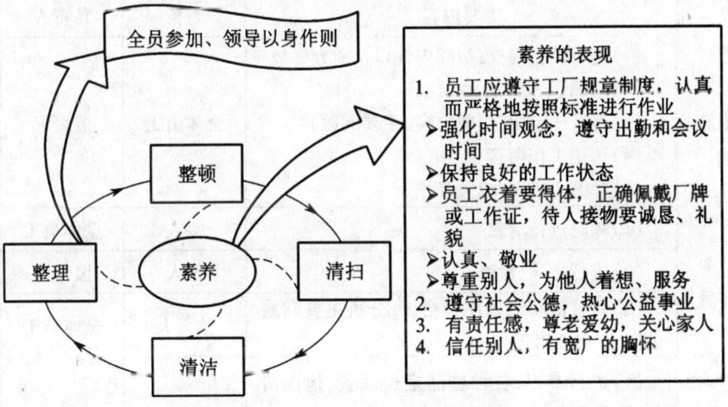

图 7.1　3 定 5S 的素养活动

素养的本质含义是始于素养，终于素养。

（1）素养是以人的外在行为规范为导向。人是生产要素中最活跃、最重要的因素，3 定 5S 活动最终是为了提高员工素质，而人们一般是通过员工的行为表现来评估判断其素质的高低。

（2）通过 3 定 5S 活动的推进，可使员工改变不良习惯，养成良好、基本的职业习惯，继而提升个人的职业化素质。

7.1.2 明确素养活动的目的

素养是通过教育，使员工养成能遵守规章制度等良好的习惯，最终达成全员“质量”的提升。

工厂应培养员工树立遵守规章制度、工作纪律的意识，大家都按要求、按标准去执行，直到成为全体员工共有的习惯。

素养活动的目的如下所述。

目的1:推动4S,直至成为全体员工共有的习惯。

目的2:教育培训,保证员工的基本素质。

目的3:让员工遵守规章制度,按标准作业。

目的4:培养拥有良好素质和习惯的人才,铸造团队精神,建设高绩效团队,促进工厂发展。

目的5:创造一个充满良好风气的工作场所,营造温馨、明快的工作氛围。

目的6:持续保持良好的习惯,是企业文化的起点或最终归属。

7.1.3 每日素养活动的内容

每日素养活动的工作内容如表7.1所示。

表7.1 每日素养活动的内容

时间阶段	主要内容	对象	负责人	备注
1. 工作开始前	(1)进行清扫检查:房间内外以及前方区域 (2)早操(5~10分钟) (3)普及3定5S相关内容(主要问题) (4)传达工作内容 (5)呼喊3定5S相关口号	全体员工	监督人	轮流制(循环制)
2. 工作进行中(休息时间前后)	(1)随时进行清扫	每人	全体员工	另开设检查班
	(2)进行指导、检查	每人	监督人	
	(3)每日活动结果评价会议,分析主要问题的原因,确立对策	监督人	全体员工	
3. 工作结束后	(1)进行清扫、各种物品定位放置、地面清扫/设备检查(5~10分钟) (2)反省会议,根据检查以及会议结果,分析、改善相关问题(5~10分钟)	全体员工	监督人员	

7.1.4 把握素养活动的难点

素养活动的难点如下。

7.1.4.1 常见的现象

工作缺乏主动性,就事论事,工作中没有创新。

7.1.4.2 常见的问题

(1)只是按照规章制度的要求去做,不去考虑如何能做得更好。

(2)认为只要做好本职工作就可以了,没有必要再花时间学习业务知识。

(3)认为晨会、礼仪规范等不过是形式。

7.1.4.3 活动的难点

(1)是否遵照已制定的3定5S规则,是否得到了所期望的结果。

(2)整顿、整理、清扫、清洁做一两次并不难,难的是员工要经常做到,持之以恒才最重要。

(3)员工要养成不随手乱放物品,经常整理、整顿工作场所,保持物品堆放有序,保持卫生,定期清扫等良好习惯。

7.1.5 抓住素养活动的要领

工厂需根据前面4S活动的结果,结合素养活动的难点与问题分析,抓住素养活动的重点,确保顺利、有效地开展推进素养活动。其推进要领如下。

(1)统一思想,持续推动4S直至全员养成习惯。

(2)从自律性开始抓起,通过制定相关的规章制度加以约束,严格执行规章制度。

(3)开展教育培训,激发员工的热情和责任感。

(4)违反规则或约束应予以纠正,接受指责纠正,立即改正。

(5)高层领导应经常亲临现场巡查,了解现场3定5S活动推进情况,鼓舞员工士气,实行滚动式管理。

(6)新进员工在上岗前必须经过强化的3定5S培训。

(7)工厂编制行为规范手册,发给员工,包括仪表、礼仪等,提高员工素质。

(8)推行各种精神文明活动。

7.1.6 素养活动成功关键措施

7.1.6.1 做好素养活动初期主要准备工作

1.统一思想意识

整理、整顿、清扫、清洁虽然说起来简单,但是从业人员如果抱着不同的想法,那么也很难落实,所以需要通过教育以及充分的讨论来进行意识转变,统一员工思想。

意识转变措施有以下几点。

(1)明确降低成本是取得利润的根本,价值与价格不能混淆。

(2)要创造一目了然的生产现场,所有人都能清楚问题所在,能想出改善方案。

(3)抛弃成见,重新观察生产现场,运用5Why法寻找问题根源。

(4)扔掉不需要的物品时整理,需要的东西随时可以拿取的状态时整顿。

(5)工序正常进行,创造附加价值,减少浪费、提高效率。

(6)作业改善是指以当前的设备、技术水平找出最好的作业方法。

(7)编制工序时,作业人员应相互协助。

(8)在生产线作业中,应用根据能力可以互补的接力方式进行作业。

(9)自动设备异常时会出现故障或生产大量不良品,所以需要另外安排人员进行监督。

(10)利用“脱离常识”思考,思考物品的流动不是“前道工序提供给后道工序”,而是“后道工序到前道工序验收”,前道工序只生产后道工序要验收的数量。

(11)发现需要停止生产线的因素时,要及时停下来,不断进行改善。

2. 与工厂改善的目标相联系

素养的目的不只是进行整理、整顿、清扫、清洁,而是在于通过这些过程消除浪费,提高工作效率,为完成最终目标打下基础。

3. 根据3定5S来确定先后顺序

初期以去除无用物品、清扫地面等短期能够见成效的工作为主,然后管理者与监督人员以身作则进行促进,具体如下所示。

(1)工作现场巡视、确认、指导。

(2)充分利用照片与录像,对未达到4S的地方拍摄照片并进行公示。

(3)尽量量化活动结果,对改善前后的状态进行比较,进行客观地评估、总结。

7.1.6.2 扩大改善与维持改善活动

(1)每月选定重点进行促进,即实施月份重点主题活动。

主题内容举例如下:

①撤除不需要的物品;

②地板清扫;

③机器设备重要部位清扫;

④治具、工具、测量仪的整顿及清扫;

⑤在制品的整顿、清扫;

⑥图纸、作业指示书的整顿及清扫等。

(2)领导以身作则,促进全员参与,促使员工达到习惯化。

领导说:

①我亲自拿起扫帚,才都开始跟我做;

②我开始每天提前1小时上班去做,过了两个月,开始有人跟我一样提前1小时上班;

③我亲自爬到顶上清扫,别的人开始打扫能够到的地方;

④卫生间的清扫由我们办公室的人员带头进行后,全厂才开始进行的。

(3)开展检查与评价,包括工厂负责人检查和部门间相互检查等。

7.1.6.3 进行3定5S宣传活动,实现习惯化

1.3定5S之日

选定重点管理项目,每周开展一次3定5S之日活动。

2.3定5S参观

以优秀生产线、工作现场或是其他公司的实例作为标杆,在活动中起到参考与激励的作用,展示优秀生产现场的照片,使其随处可见。

3.3定5S巡查

每周选定3定5S负责人通过巡查进行指导与评价。

4.3 定 5S 社报(革新活动报)

活动的范例通过社报进行传播,并提供改善建议。

5.3 定 5S 活动在职训练(OJT)

通过公司内核心人员的 OJT 提高改善能力。

7.1.6.4 推进的方法

为了贯彻素养,要让不良变得很明显。对工序的主要质量项目进行例行检查时,应提前准备数据表格和样品台,如果没有记录或样品,说明没有进行检查工作。

这样把 3 定 5S 的所有项目提示出来,可用目视管理方法掌握是否执行,这是推进素养的重要方法之一。

7.1.6.5 其他措施

(1)尽量在保持原有生产线组织的前提下推进 3 定 5S。

(2)在“能在生产线做的改善就在生产线做”的前提下,因生产性提高而精简出来的少部分人员去帮助执行其他改善活动。

(3)重复作业,提高改善水平。执行重点主题,以 6 个月为单位重复几次或同样的主题再循环回来的情况。根据重复次数增加,需要检讨更高度的执行事项。

以地板清扫为例,最初以垃圾、污染物的清除开始,第二次用扫帚和抹布进行清扫,下次进行时就要求让地板有光泽,重复地板清扫,维持干净的状态。

7.2 素养活动推进步骤

素养活动推进步骤如图 7.2 所示。

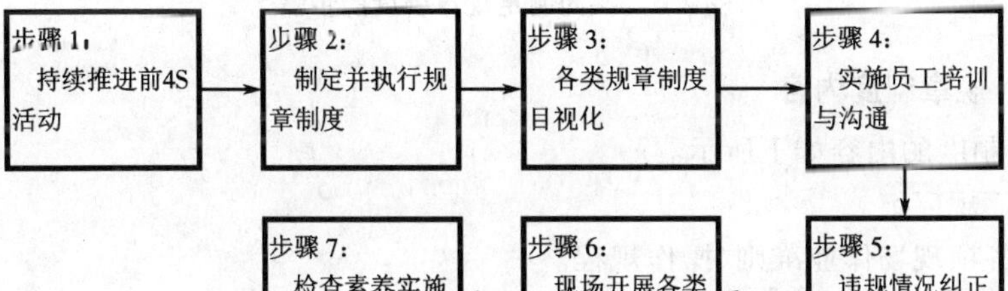

图 7.2 素养活动推进 7 大步骤

7.2.1 持续推进前 4S 活动

前 4S 活动是 3 定 5S 活动的基本循环步骤,也是主要方法手段,工厂可借此使员工在无形当中养成一种保持整洁的习惯。前 4S 没有落实,则第 5 个 S(素养)也无法达成。

(1)通过前 4S 活动的持续推进,员工可实际体验“整洁”的生产现场所带来的感受,促使其养成爱整洁的习惯。

(2)3 定 5S 活动经过一段时间的运作,必须进行检查、总结、改进。

7.2.2 制定并执行规章制度

为了保证规章制度的合理性、可行性,工厂管理人员可与工厂现场的作业人员共同制定工厂的规章制度,去除不合理或难以执行的条款。

7.2.2.1 共同制定规章制度的步骤

工厂管理人员与现场作业人员共同制定规章制度的步骤如图 7.3 所示。

步骤 1：总结规章制度的执行情况，分析违反内容

步骤 2：向现场人员调查了解不执行规章制度的原因

步骤 3：同现场人员共同拟定新的规章制度

步骤 4：公示规章制度，鼓励质疑与提问

步骤 5：管理人员以身作则，遵守规章制度

步骤 6：汇总反馈信息，分析并及时修订不合理项

步骤 7：正式发布并执行规章制度

图 7.3 共同制定规章制度的步骤

7.2.2.2 规章制度内容

规章制度的内容如下所示。

(1)厂规厂纪。

(2)各项现场作业准则、操作规程。

(3)明示各岗位责任。

(4)生产过程工序控制要点和重点、工艺参数等技术标准。

(5)安全生产、文明卫生守则。

(6)各类礼仪规则,包括工作礼仪、语言礼仪、行为礼仪、仪容仪表等。

7.2.3 各种规章制度目视化

对各种规章制度等也应实行 5S 管理,实现目视管理,让规章制度在现场一眼就能看到且一看就能了解。工厂可将规章制度制作成以下几种方式,放置在显眼的地方。

(1)制作成管理手册。

(2)绘制成图表。

(3)制作成标语、看板。

(4)设计成卡片。

7.2.4 实施各类培训与沟通

培训与沟通是提升员工素养的重要方法。素养活动培训与沟通工作内容如下。

(1)3 定 5S 的基本知识与理念教育。

(2)日常技能训练,开展各种 5S 活动,例如礼仪等。

(3)向老员工讲解修订后的规章制度。

(4)严抓新进人员的教育培训,讲解各种规章制度。

(5)各部门利用班前会、班后会时间进行 3 定 5S 教育,养成良好习惯。

7.2.5 违规情况纠正与改正

现场在执行规章制度的过程中,如遇违规情况,需及时提出纠正,现场人员根据规章制度标准进行改正,具体如图 7.4 所示。

检查人员纠正

- 经检查发现有违规现象时,要及时予以纠正
- 在纠正时,需实事求是
- 强调因事纠正,而非因对人有偏见而进行指责

现场人员改正

- 要求纠正后,能立即改正或限时改正
- 杜绝任何借口
- 改正之后,检查人员再次进行检查,直到完全改正为止

图 7.4 违规情况的纠正与改正

7.2.6 现场开展各项素养活动

工厂 3 定 5S 人员可组织开展各项现场素养活动,活动包括但不仅限于以下几个方面。

(1)素养教育培训活动,包括职业素养、工厂作业素养等。

(2)班前会、班后会。

(3)推进文明礼仪、礼貌活动。

(4)实施全厂员工自主改善活动。

开展素养活动应注意:

不能只培训作业上的具体操作,应加强“规章制度”的解释、说明、培训。素养是

持续性的工作,几天的教育培训难以改变员工的思想认识,不可急于求成。制定鲜明的奖惩制度,进行激励与约束有助于素养的形成。

7.2.7 检查素养活动实施效果

素养活动也应经常进行检查。素养活动的检查内容包括以下几点。

7.2.7.1 服装检查

(1)是否穿戴规定的工作服上岗?

(2)服装是否整洁、干净?

(3)厂牌等是否按规定佩戴整齐,充满活力?

(4)工作服是否穿戴整齐,充满活力?

(5)鞋子是否干净、无灰尘?

7.2.7.2 仪容仪表检查

(1)仪容仪表是否整洁,充满朝气?

(2)是否勤梳理头发,不蓬头垢面?

(3)是否勤修指甲?

7.2.7.3 行为规范检查

(1)是否做到举止文明,有修养?

(2)是否遵守公共场所的相关规定?

(3)是否做到团结同事,大家友好沟通、相处?

(4)上下班时是否互致问候?

(5)是否做到工作齐心协力,富有团队精神?

(6)是否做到工作守时,不迟到、不早退?

(7)是否能按时完成各项任务?

(8)是否在现场张贴或悬挂了3定5S活动的标语?

(9)现场是否有3定5S活动成果的展示窗或展示栏?

(10)是否能灵活应用照相或摄像等手段协助3定5S活动的开展?

(11)员工是否已经养成了遵守各项规定的习惯?

(12)工厂是否经常、反复开展整理、整顿、清扫、清洁活动?

7.3 素养活动具体实施

7.3.1 现场日常素养

7.3.1.1 现场"每日"素养活动

生产现场每日素养活动如下所示。

(1)正确穿着工作服,保持整洁。

(2)物品轻拿轻放,随手归位,摆放有序整齐。

(3)不随地乱放杂物、垃圾,经常清扫地面。

(4)不能确定位置的物品放到暂放区,并做暂放标识。

(5)爱护公共物品,避免在墙壁、设备上留下刮痕和污迹。

(6)按要求进行日常点检,及时报告异常现象。

(7)遵守安全操作规程,保持台面、桌面干净无尘。

(8)下班前整理好台面物品并归位,关好门窗设备,保管物品归位。

7.3.1.2 现场"每周"素养活动

生产现场每周素养活动如下所示。

(1)进行一次工具柜整理,清理不要物品。

(2)全面整理工作区,对暂放物品进行处理。

(3)清点现场堆积的物料,只保留必要的存量,其余的及时退到仓库。

(4)更新破损、脱落、卷角、模糊、过期的标识。

(5)清洁窗户、柜顶、货架等不常触及的部位。

(6)清洁周转用的托盘、容器和推车。

7.3.1.3 现场"不定期"素养活动

现场不定期素养活动如下所示。

(1)添置与工作任务相关的工装器具。

(2)提出改进工作效率、质量和安全的装置设施。

(3)及时更新信息栏内容,去掉过时和多余的张贴物。

(4)根据工作任务调整工具物品的定位和标识。

(5)经常使用礼貌用语,待人有礼有节。

7.3.2 现场仪容仪表

7.3.2.1 着装要求

(1)原则上要从安全、质量、形象等角度出发。

(2)员工卡要挂在胸前。

(3)负责人标识明确。

(4)工作服以扣上五个扣子为准,上数第一个扣子随意。

(5)袖口要扣上,卷起时为防止挂上物品或设备,规定袖口要卷起两卷以上,以防袖口松开。

(6)为了防止笔(圆珠笔等)掉入机器内,相关工程操作人员必须佩戴笔链。

(7)必须在指定范围内穿着工作鞋(特定区域必须穿着指定的工作鞋),穿工作鞋时必须穿袜子。

7.3.2.2 仪容要求

(1)为了防止操作中指甲折断、脱落,要将指甲剪齐,并保持清洁干净。

(2)在工位操作时不许佩戴任何可能造成产品不良(如划伤)的饰物。

(3)女性员工要求头发齐肩并戴好工作帽。

7.3.3 现场作业准备

现场作业前的准备工作规范如图7.5所示。

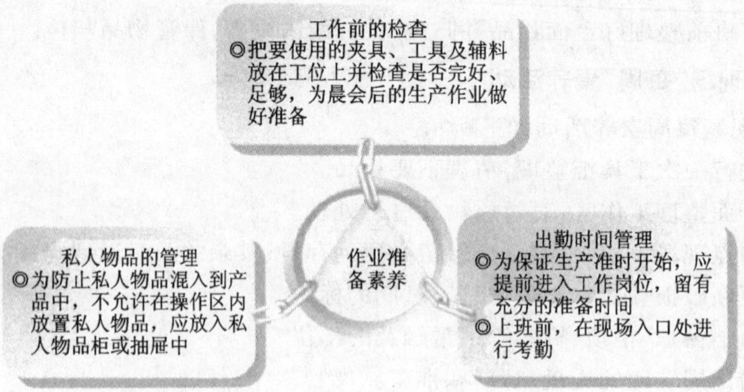

图7.5 现场作业前的准备工作规范

7.3.4 作业过程要求

生产作业过程需按规范要求执行,具体如表7.2所示。

表7.2 生产作业过程素养要求

过程情况	具体操作规范	备注
1.按规范操作	(1)掌握操作的基本要领,规范操作,禁止规定以外的操作 (2)为了避免错误操作,遵守工作指示系统,原则上不接受除上级以外的任何指示 (3)使用操作安全规则上所规定的保护用具	
2.零部件、工具管理时	(1)使用零部件时,注意勿使部件弯曲、脏污或使自己受伤 (2)禁止把零部件直接放在地上 (3)为防止扭伤,可由多人换抬重物及零部件,建议使用推车 (4)为防止转运架倒下伤人,禁止垂直放置	
3.异常及安全管理时	(1)如果在操作过程中发现部件、操作状况、设备等有异常时,应马上向上级报告 (2)工作中不得擅离职守,身体不舒适、受伤或有其他事情时需及时提出 (3)当工作中落下螺钉、垫圈、部件等时必须拾起,无法拾起或找不到时,应马上向上级报告 (4)为保护静电敏感器件不受静电影响,在指定的位置使用防静电用品	

续表

过程情况	具体操作规范	备注
4. 生产停顿时	(1)不要离开工位,可把自己周围整理一下,检查一下组装好的机器等 (2)上级有指示时要依指示行动	
5. 超时工作时	(1)为了保证生产计划的完成采用的非常措施,员工应配合工作安排 (2)确有原因或身体不适不能参加者,需向上级说明,出示必要证明后方可不参加超时工作	
6. 带电作业时	(1)绝对禁止触摸产品,对企图触摸产品的人,应大声提醒其注意 (2)有带电产品的工序以及要采用高压的工序一定要使用绝缘垫 (3)禁止在有带电产品的工序以及采用高压的工序中使用导电垫、导电腕套等 (4)在高压工作区要挂设警示标识	
7. 搬运作业时	(1)零部件开箱或装箱时,要通过包装票或交接单确认实物是否正确 (2)因接触、碰撞、摩擦而易于损伤的材料、零部件不得重叠安放 (3)禁止撞碰,禁止位置转移,应注意人身安全	

7.3.5 休息规范

7.3.5.1 休息场所

(1)严禁在工作区域内吸烟。

(2)保持开水供应区的清洁,剩水要倒入桶内。

(3)在休息区休息时,不得采用不雅或影响他人的姿势。休息后,休息用椅要放回原位置,保持休息区的清洁、整齐。

(4)休息时不许大声喧哗,影响他人。

7.3.5.2 洗手间

(1)不许乱涂乱画,不许乱扔烟头。

(2)保持清洁,便后冲水,使用后的纸放入纸篓中。

(3)有机溶剂等药品会引起环境污染,造成公害,例如甲苯、酒精、香蕉水、螺丝制动蜡等,绝对不能流入厕所、洗手池中。

(4)不许向厕所内乱倒杂物,防止堵塞。

7.3.5.3 公共场所安全

(1)去公共场所时,不要奔跑,以免在拐弯等不能直望过去的地方发生碰撞。

(2)在公共场所内要严格遵守公共秩序。

7.3.6 作业结束检查

作业结束后需做好检查、清扫工作,具体如下所示。

(1)为了防止发生火灾,必须及时关闭自己使用和负责的电源。

(2)为下面的工作做好准备,将本次工作持续到做完为止。

(3)精密仪器清洁之后应归回原位,量具要盖好盖子。

(4)大件的台架或叠放的工装夹具应做好清洁和防尘工作。

(5)为防止脏物、灰尘等落在产品上,造成不良影响,在特定场合要给产品加盖防护罩。

(6)加工设备清扫标准。

①清扫设备时,要戴好必要的保护用具。

②清扫设备时,关闭电源并在电源配电柜上贴警示标识,设备保养,严禁合闸。

③清扫设备时,被移动的台架必须在清扫后放回原位。

7.3.7 设备工具管理

设备工具管理(素养活动)标准如下所示。

(1)防止多余物:零件夹具、线夹等不要与一般零部件相混淆。

(2)数目管理:注意班前班后工装夹具的数目清点。

(3)夹具确认:开始使用新夹具时,先充分确认其是否有副作用。

(4)使用校正后的仪器:禁用未经校正的计量器具。

(5)工具检查、交换周期明确化:按规定执行。

(6)特殊工具使用:对危险或特殊工具,应明确其使用规范。

7.3.8 作业规范管理

生产作业标准、作业规范的日常管理规定如下所示。

(1)严禁口头指示,必须有书面指示。

(2)若变更作业,作业规范也应及时变更。

(3)在生产过程中,如果要变更工艺操作规范,按工艺规范的相关规定执行。

(4)操作人员协助他人工作时应按其作业规范执行。

(5)追加、修订、修正作业规范后,操作人员使用的作业规范文件必须立即更换。

(6)设计变更涉及作业变更时,要确认作业规范是否变更。

(7)作业规范应盖有受控章,操作人员需使用盖有确认印章的作业规范。

7.4 素养活动推进工具

7.4.1 晨会工作规范

晨会、总结会是实现5S素养的有效方式,以下是某工厂开展3定5S活动的晨会工作规范,仅供参考。

每日晨会工作规范

一、目的

为了规范工厂生产现场的晨会工作,提高现场管理水平,有效推进3定5S素养活动，特制定本规范。

二、晨会工作目标

(1)全员集中，提升集体意识，迅速进入工作状态，提高工作效率。

(2)宣传上级目标精神，进行工作动员。

(3)加强礼貌活动，提升员工的精神面貌，改善内部关系。

(4)形成独特的班组文化、生产文化，有利于团队文化的建设

(5)养成遵守规章制度的良好习惯。

三、晨会开展方式

工厂晨会召开方式、时间、与会人员等说明如表7.3所示。

表7.3 工厂晨会召开说明

晨会方式	晨会分类	时间	与会人员	主持人
纵向晨会制	工厂月晨会	每月第1个工作日上午8:30	所有员工	工厂总经理/生产总监
	部门周晨会	每周一上午8:30	部门员工	生产经理
	车间(班组)日晨会	每工作日上午8:30	车间/班组员工	车间主任/班组长
横向晨会制	同级之间进行沟通交流的晨会	根据作业需求，提前2日确认时间、地点	作业需求涉及的员工	上级领导或其指定人员
混合晨会制	不同部门、班组、不同工种间一起召开晨会，进行沟通、交流信息的晨会	根据作业要求，提前3日确认时间、地点	作业要求涉及的员工	作业主要责任领导

四、每日晨会时间地点

(1)每天上午××点在车间/班组召开。

(2)晨会时间控制在5～10分钟以内。

五、晨会召开程序

(1)全员集中，分组列队整齐，班组长、车间主任站在队列前部。

(2)注意整理自身仪容，双手背后站立，开始晨会。

(3)车间主任宣布晨会开始。

(4)通报晨会内容，包括下达上级指令、前一日工作总结、问题说明与对策、今日任务排程、改善活动项目、必要协议事项等。

(5)专人做好晨会记录，包括员工出勤情况、生产任务安排和员工反馈信息等。

六、晨会的内容

(1)发号施令，召集生产作业人员。

(2)检查员工的出勤情况。

(3)总结前一日的工作情况，指出优点和不足。

(4)及时对生产质量问题进行通报，提出整改对策。

(5)及时表扬和批评。

(6)传达当天的生产作业任务,说明注意事项和操作方法,以及上级的指示。

(7)进行安全生产教育,提醒员工安全作业。

(8)宣布生产作业开始。

七、注意事项

(1)每天晨会时,领导总是先向员工问好,员工再向领导回礼,时间一长员工自然就养成了一种相互打招呼的好习惯。

(2)为了提升员工的素养,所有员工需用文明礼貌用语。

7.4.2 素养活动核查表

素养活动核查如表7.4所示。

表7.4 素养活动核查表单

项次	检查项目	等级	得分	查检状况
1	日常5S活动	1级	0	没有活动
		2级	1	虽有清扫、清洁工作,但非5S计划性工作
		3级	2	开会时宣导5S活动
		4级	3	开展5S培训、竞赛等活动
		5级	4	活动热烈,大家均有感觉
2	服装	1级	0	穿着脏衣服,且破损未修补
		2级	1	不整洁
		3级	2	纽扣和鞋带未系好
		4级	3	按规定穿戴劳保用品
		5级	4	依规定着装,并感觉有活力
3	仪容	1级	0	不修边幅
		2级	1	男士头发、胡须过长,女士化妆太浓,穿高跟鞋
		3级	2	上两项其中一项者
		4级	3	均依规定整理
		5级	4	精神,有活力
4	行为规范	1级	0	举止粗暴,口出脏言
		2级	1	衣衫不整,不讲卫生
		3级	2	自己的事情能做好,但缺少公德心
		4级	3	公司规章均能遵守
		5级	4	主动精神,团队精神

续表

项次	检查项目	等级	得分	查检状况
5	时间观念	1级	0	大部分人缺乏时间观念
		2级	1	稍有时间观念,但开会仍有很多人迟到
		3级	2	不愿受时间约束,但会尽力去做
		4级	3	在约定时间内会全力去完成
		5级	4	会适当地在约定时间前提早去做好
合计		级		
备注		一级(差)、二级(较差)、三级(合格)、四级(良好)、五级(优秀)		

7.4.3 素养活动推进方案

以下是某工厂推进3定5S活动中素养活动的推进方案,仅供参考。

素养活动推进方案

一、目的

为了使现场工作人员牢记3定5S管理规范,并自觉整理、整顿、清扫、清洁,形成良好的工作风气,铸造团队精神,特制定本方案。

二、适用范围

本方案适用于工厂内部推进3定5S活动过程中的素养活动。

三、素养实施目标

(1)生产现场人人有礼貌、重礼节,形成良好风气,创造和睦团队。

(2)现场员工遵守规章制度,按照标准作业。

(3)现场员工养成自觉执行整理、整顿、清扫的工作习惯,保持清洁的作业环境。

(4)创造一个风气良好的工作场所。

四、制定素养目的

由3定5S推进小组根据生产现场状况及3定5S管理目标制定素养活动实施目的,主要应包括以下3点。

(1)全体员工高标准、严要求地维护现场环境。

(2)现场工作人员自愿实施整理、整顿、清扫、清洁活动。

(3)所有人员遵守规章制度,形成良好的工作习惯。

五、制定规章制度

3定5S推进小组负责根据素养活动目的制定相关规章制度,并监督现场人员执行。

(1)生产现场人员语言礼仪规范内容如表7.5所示。

表7.5 生产现场人员语言礼仪规范

语言礼仪	具体要求
会话亲切、诚恳、谦虚	语言清晰、语气诚恳、语速适中、语调平和、语意明确、言简意赅 与他人交谈时应专心致志，面带微笑，不得心不在焉，反应冷漠 倾听别人讲话时，不得随意打断，应适时搭话，确认对方的谈话内容 除技术交流外，尽量少用生僻的专业术语，以免影响交流效果
自我介绍	按照工厂名称、所属部门、岗位名称、个人姓名的顺序介绍自己 根据情况介绍自己的简历 对外部人员可使用名片介绍自己
文明用语	严禁讲脏话、忌语 使用“您好”“谢谢”“不客气”“再见”“不远送”等文明用语

(2)生产现场人员行为规范内容如表7.6所示。

表7.6 生产现场人员行为规范

项目	具体要求
班前行为	做好准备工作，保持愉悦的心情上班 提前10分钟到岗，按照规定着装并佩戴工作胸牌 应主动向同事及上级问好 因故迟到或请假时，事先通知上级主管人员
工作台面及抽屉管理	办公桌只放置必要的办公用品及文件 文具、茶杯、电话、文件应定位放置，以方便取用 重要机密文件不应直接放置在工作台表面 定期清理抽屉内的物品，按照定位放置，不得存放私人物品
离开工作区行为	工作时间内不得随便离开现场工作区域 需要外出时，应将地点、目的、预定返回时间向上级报告或填写外出单 离开工作区域时，应整理周围工具、文件等，将其归位 进出大门、电梯及通道走廊时，应让客人、上司先行
班后行为	下班时间到达后，收拾、整理当日使用的材料、工具、用品等，将其放置在规定位置 收拾工作台面，将各类物品归位，并保持台面清洁 关闭机器设备、电脑、空调 与上司、同事道别后离开，并确认门窗是否按要求关闭

(3)生产现场人员工作态度规范内容如表7.7所示。

表7.7 生产现场人员工作态度规范

工作态度	具体要求
守时	严格遵守作息时间，不迟到、不早退 参加会议、培训、洽谈时应严守约定时间

续表

工作态度	具体要求
守序	了解工厂历史、组织结构、规章制度、产品类型 维持工作氛围,不得在生产现场喧哗、嬉戏 上班时间不可以处理私人事务,避免会见亲友 不得在生产现场吸烟、饮酒
履职	对工作充满信心,积极、乐观、负责 对上司不唯唯诺诺,有问题应及时提出 知错必改,不强辩,不掩饰,不断追求进步 按照生产现场的相关规定履行职责
惜物	爱护企业设备,不挪为私用或随意破坏 未经允许不得随意使用他人所负责的物品,特殊情况下借用的,应在使用后立即归还 节约使用材料、用品、用具及其他消耗物品 按时对责任区域内的机器设备、材料、物品等进行清洁活动

(4)生产现场人员仪容仪表规范内容主要有以下6项。

①现场工作人员上岗必须穿着工作装,并保持服装整洁。

②内衣不得塞在工作装外。

③不应戴贵重的饰品。

④女士化妆应淡雅朴素,不涂指甲油。

⑤工作期间应佩戴工作帽,男士不得留长发,女士应将长发盘起。

⑥工作期间应保持个人卫生,保持清洁。

六、实施员工培训

5S推进小组组织进行员工素养培训,具体培训内容如表7.8所示。

表7.8 生产现场人员素养培训内容

培训类别	培训内容
岗前培训	(1)岗位所需的操作技能 (2)现场操作相关的各项规章制度 (3)待人接物的基本礼仪 (4)现场环境、作息时间、通信联络办法、现场应急处理办法等
在岗培训	(1)现场相关岗位的职责和沟通方式 (2)现场操作相关的新知识、新观点、新工艺等 (3)5S管理活动的相关活动

七、执行现场素养

生产现场人员应按照表7.9进行素养活动。

表7.9 生产现场素养活动内容

活动周期	活动内容
每天	(1)正确穿着工作服，保持整洁 (2)保持台面、桌面干净无尘，每日擦拭用过的用具，并去除油污 (3)工具、物品随手归位，摆放整齐 (4)材料、产品、工具轻拿轻放，有序整齐，防止摆放混乱 (5)不随地放置杂物、扔垃圾或烟头，经常清扫地面 (6)不能确定位置的物品放到暂放区，或做暂放标识 (7)按要求进行日常清洁检查，及时报告异常现象 (8)遵守安全操作规程，无不安全行为
每周	(1)进行一次工具柜整理，清理不要的物品 (2)全面整理工作区，对暂放物进行处理 (3)清点现场堆积的物料，只保留必要的量，其余的及时退回仓库 (4)更新破损、脱落、卷角、模糊、过期的标识 (5)清洁窗户、柜顶、货架等不常触及的部位 (6)清洁周转用的托盘、容器和推车
不定期	(1)添置与工作任务相关的工装器具 (2)添置改进工作效率、质量和安全的装置设施 (3)及时更新信息栏内容，去掉过时和多余的张贴物 (4)根据工作任务调整物品的定位和标识 (5)经常使用礼貌用语，待人有礼有节

八、素养效果检查

由3定5S推进小组组织对现场生产车间的素养实施效果进行检查，对不合格项提出改善要求，并监督、指导其改正，具体检查标准如表7.10所示。

表7.10 素养效果检查表

部门： 日期：

项次	检查项目	分数	检查状况	检查方法	得分	纠正跟踪
1	部门日常 3定5S活动	0	没有活动	查阅记录 观察 座谈		
		5	虽有清洁工作，但并非按5S计划进行			
		10	开会对3定5S进行宣导			
		15	平时能够做到5S计划工作			
		20	3定5S活动热烈，大家均有感受			

续表

项次	检查项目	分数	检查状况	检查方法	得分	纠正跟踪
2	个人服装	0	脏污,破损未修补	交谈 考察		
		5	不整洁			
		10	纽扣或鞋带未弄好			
		15	厂服、工作证依规定穿戴			
		20	穿着依规定,并感觉有活力			
3	个人仪容	0	不修边幅且脏	观察 抽查 座谈		
		5	头发、胡须过长			
		10	上面两项,其中一项者			
		15	均依规定整理			
		20	感觉精神有活力			
4	行为规范	0	举止粗暴,口出脏言	观察		
		5	衣衫不整,不讲卫生			
		10	自己的事情能做好,但缺乏公德心			
		15	工厂规则均能遵守			
		20	具有主动精神,团队精神			
5	时间观念	0	缺乏时间观念	观察		
		5	稍有时间观念,开会迟到次数较多			
		10	不愿受时间约束,但会尽力去做			
		15	会全力在约定时间内完成			
		20	会在约定时间前提早做好			
共计						

被检查人: 检查人:

8 5S管理活动推进实训

8.1 生产现场诊断与评价

8.1.1 教学程式

学时数为12学时。

8.1.1.1 教学目标

1. 知识目标

(1)了解5S的起源,理解5S的含义、管理思路、推行目的,了解国内外5S的概况。

(2)能够制定活动程序、目标方针,成立推行组织。

(3)能够制定样板区。

2. 能力目标

(1)能够正确理解现场管理与改善——5S。

(2)推行5S之前能做好各种前期准备。

3. 素质目标

(1)培养学生观察、分析问题的能力。

(2)培养学生搜集、查阅、整理资料的能力。

(3)培养学生相关知识的综合应用能力。

(4)培养学生团队合作和组织协调能力。

(5)有效提升学生在现场管理中自身解决问题的能力,促进现场管理水平的提高。

(6)提高学生适应现代企业的就业能力。

(7)使学生具有一定的现场管理水平。

8.1.1.2 教学内容

1. 理论内容

(1)5S的起源、含义、管理思路、推行目的,国内外5S的概况。

(2)制定活动程序、目标方针、成立推行组织,制定样板区。

(3)诊断流程及诊断报告的基础知识。

(4)评价流程及评价方案的基础知识。

2. 实训内容

(1)制定诊断流程及诊断报告

(2)制定现场方案及评价表

8.1.1.3 教学资源

(1)软件:教材、课件、任务书。

(2)硬件:理论授课在多媒体教室进行,现场教学在实习车间进行。

(3)所需设备:电脑、多媒体、投影设备、相机。

8.1.1.4 方法手段

案例分析法,任务驱动法,分组讨论法。

多媒体教学法,生产现场教学法,启发引导法。

8.1.1.5 教学的组织与设计

按六步法,教师布置工作任务,学生获取资讯(4学时);小组完成组员分工、进行决策并制定现场考察计划(2学时);学生分组进行现场考察、制定活动程序、设立目标方针、成立推行组织、制定样板区(5学时);检查和评估(各0.5学时)。

1. 任务

以车间真实现场为对象,采用情境化的教学方式,引导学生按照六步法(资讯、决策、计划、实施、检查、评估)对车间现场进行全面考察,分析现场管理状况,为制定活动程序、设立目标方针、成立推行组织,制定样板区提供决策依据。

2. 任务实施步骤

任务实施步骤如表8.1所示。

表8.1 任务实施步骤

阶段	教师	学生	学时
资讯	(1)采用PPT课件引导式讲解5S的起源、含义、管理思路、推行目的,介绍国内外5S的概况、现场管理的意义,讲解制定活动程序、目标方针、成立推行组织、制定样板区、制定生产现场评价流程和方案和现场诊断的方法与步骤 (2)将现场考察任务工单分发给学生 (3)简要介绍车间的基本情况 (4)带领学生以组为单位对车间进行现场考察并做好记录 (5)接受学生咨询,对车间现场基本情况进行讲解、答疑	(1)学习有关生产现场诊断与评价的基本知识 (2)分组讨论制定诊断流程及诊断报告、制定现场方案及评价表的内容,再聆听教师对方案制作内容的讲解 (3)接受教师布置的工作任务,并从教师处获取车间的基本信息 (4)以组为单位对车间进行现场考察并做好记录 (5)收集、总结车间信息,并在任务工单上填写该信息	3
决策	(1)将学生分组成立5S推行委员会。10人1组,将全班学生分为若干个工作小组 (2)教师布置制定诊断流程及诊断报告、制定现场方案及评价表的工作任务	(1)各小组选出组长,并完成小组成员分工 (2)根据现场考察所获资讯,确定制定诊断流程及诊断报告、制定现场方案及评价表的总体思路	1

续表

阶段	教师	学生	学时
计划	(1)与合作单位协商确定制定诊断流程及诊断报告、制定现场方案及评价表 (2)审核学生制定的诊断流程及诊断报告、现场方案及评价表 (3)对方案提出修改意见	(1)以小组讨论的方式,制定诊断流程及诊断报告、制定现场方案及评价表 (2)将制定的方案交与教师审核并定稿	1
实施	(1)指导学生完成诊断流程及诊断报告、现场方案及评价表的制定 (2)接受咨询并回答学生提出的问题	制定诊断流程及诊断报告、制定现场方案及评价表	2
检查	检查各小组诊断流程及诊断报告、现场方案及评价表的完成情况	(1)检查工作任务是否明确 (2)检查工作岗位设置是否合理 (3)检查工作流程是否顺畅 (4)检查管理制度是否健全	0.5
评估	(1)对各小组工作进行综合评估 (2)提出改进意见和注意事项	(1)以小组讨论方式进行工作评估 (2)根据教师提出的意见进行改进	0.5

8.1.1.6 教学重点

1. 重点与难点

根据现场考察所获资讯,制定诊断流程及诊断报告、制定现场方案及评价表。

2. 解决办法

制订详细的现场考察计划,明确考察内容:教师将重点与难点作为考核要点向学生说明,学生以此为导向将其作为现场诊断时的考虑重点,教师在学生的工作计划及实施中围绕重点难点进行指导。

8.1.1.7 考核方法

过程考核:课程嵌入式考核。

对知识方面的考核:教师对学生制作的整理活动推行方案、非必需品的处理方案进行考核。

对技能方面的考核:对学生实施整理进行考核,考核整理是否完善。

对素质方面的考核:教师对学生在整理过程中的表现进行观察、考核,对每位学生在团队中的领导、分工、协作等素质表现进行评估。

8.1.1.8 教学人员

理论内容由主讲教师 1 人完成;实习车间现场参观由主讲教师和实习师傅 2 人共同完成。

8.1.2 实训教学实施

实训教学的实施参考表 8.2。

表8.2 实训教学实施

序号	实施内容	备注
1	将现场考察任务工单分发给学生	分发任务工单,明确学习目标(5 min)
2	简要介绍车间的基本情况。接受学生咨询,对车间现场基本情况进行讲解、答疑	教师给予学生车间所需的资讯(10 min)
3	带领学生以组为单位对车间进行现场考察并做好记录。布置制定诊断流程及诊断报告、现场方案及评价表的工作任务	对车间现场进行考察(85 min)
4	检查小组成员分工,判定工作计划完成情况	小组完成成员分工并制订工作计划(10 min)
5	指导学生完成制定诊断流程及诊断报告、制定现场方案及评价表的任务,接受咨询并回答学生提出的问题	学生进行车间现场诊断(110 min)
6	检查各小组车间现场制定诊断流程及诊断报告、制定现场方案及评价表的完成情况。对各小组工作进行综合评估。提出改进意见和注意事项	教师对现场诊断进行检查并提出改进意见(30 min)

8.2 车间生产现场整理

8.2.1 教学程式

学时数为8学时。

8.2.1.1 教学目标

使学生熟悉现场考察的方法,能够根据车间现场获取现场基本信息,具体包括以下内容。

1. 知识目标

能够掌握整理的定义、目的、实施方法、注意事项,制定整理活动推行方案,制定非必需品的处理方案。

2. 能力目标

(1)专业能力:

①掌握系统实用的工具与方法,综合应用相关知识,能够对生产现场进行整理;

②具备沟通,交流能力;

③能对收集的车间物品信息进行整理、归类、处理和总结;

④提升学生在现场管理中自行解决问题的能力,促进现场管理水平的提高。

(2)方法能力:具备分析、观察能力。

(3)社会能力:能够进行团队分工、配合、组织、协调、管理。

3. 素质目标

(1)礼仪素质。

(2)团队协作意识。

(3)严谨的工作态度。

(4)提高学生适应现代企业的就业能力。

(5)具有一定的现场管理水平。

8.2.1.2 教学内容

1. 理论内容

(1)必需品、非必需品及整理的定义,整理的目的,整理的方法及推行细则,非必需品的判定及处理方法,整理的注意事项。

(2)制定整理活动推行方案。

(3)非必需品的处理制度。

2. 实训内容

(1)学生分组成立5S推行委员会,现场考察并制定整理活动推行方案、非必需品处理方案。

(2)学生分组成立5S推行委员会,现场考察并对生产现场进行整理。

8.2.1.3 教学资源

(1)软件:教材、课件、任务书。

(2)硬件:理论授课在多媒体教室进行,现场教学在实习车间进行。

(3)所需设备:电脑、多媒体、投影设备、相机。

8.2.1.4 方法手段

案例分析法,任务驱动法,分组讨论法。

多媒体教学,生产现场教学,启发引导法。

8.2.1.5 教学的组织与设计

按六步法,教师布置工作任务,学生获取资讯(3学时),小组完成组员分工、进行决策并制订现场考察计划(2学时);学生分组进行现场考察、实施整理(2学时);检查、评估(1学时)。

1. 任务

以车间真实现场为对象,采用情境化的教学方式,引导学生按照六步法(资讯、决策、计划、实施、检查、评估)对车间现场进行全面考察,了解哪些是车间现场所需物品,哪些是车间现场不需要的物品,为该车间现场制定"要"与"不要"物品分类标准,制定整理活动推行方案,制定非必需品的处理方案。为实施现场整理活动提供决策依据。

2. 任务实施步骤

任务实施步骤如表8.3所示。

表8.3 任务实施步骤

阶段	教师	学生	学时
资讯	(1)采用PPT课件引导式讲解有关推行整理活动的基本知识和整理活动推行方案、非必需品的处理方案的制定内容 (2)将现场考察任务工单分发给学生 (3)简要介绍车间的基本情况 (4)带领学生以组为单位对车间进行现场考察并做好记录 (5)接受学生咨询,对车间现场基本情况进行讲解、答疑	(1)学习有关推行整理活动的基本知识 (2)分组讨论整理活动推行方案、非必需品的处理方案的制作内容,再聆听教师对方案制作内容的讲解 (3)接受教师布置的工作任务,并从教师处获取车间的基本信息 (4)以组为单位对车间进行现场考察并做好记录 (5)收集、总结车间整理信息,并在任务工单上填写该信息	3
决策	(1)将学生分组成立5S推行委员会。10人1组,将全班学生分为若干个工作小组 (2)教师布置整理活动推行方案、非必需品的处理方案的制作任务	(1)各小组选出组长,并完成小组成员分工 (2)根据现场考察所获资讯,确定整理活动推行方案、非必需品的处理方案的总体思路	1
计划	(1)与合作单位协商确定现场整理活动的推行 (2)审核学生制定的整理活动推行方案、非必需品的处理方案 (3)对整理方案提出修改意见	(1)以小组讨论的方式,制定整理活动推行方案、非必需品的处理方案 (2)将制定的方案交与教师审核并定稿	1
实施	(1)指导学生完成车间生产现场整理 (2)接受咨询并回答学生提出的问题	根据所制定的整理活动推行方案,非必需品的处理方案对生产现场进行整理	2
检查	检查各小组车间现场整理完成情况	学生根据车间整理检查标准对车间现场整理进行检查	0.5
评估	(1)对各小组工作进行综合评估 (2)提出改进意见和注意事项	(1)以小组讨论方式进行工作评估 (2)根据教师提出的意见进行改进	0.5

8.2.1.6 教学重点

1. 重点与难点

根据现场考察所获资讯,制定整理活动推行方案,制定非必需品的处理方案。

2. 解决办法

制订详细的现场考察计划,明确考察内容;教师将重点与难点作为考核要点向学生说明,学生以此为导向将其作为整理时的考虑重点,教师在学生的工作计划及实施中围绕重点难点进行指导。

8.2.1.7 考核方法

过程考核:课程嵌入式考核。

对知识方面的考核:教师对学生制作的整理活动推行方案、非必需品的处理方案进行考核。

对技能方面的考核:对学生实施整理进行考核,考核整理是否完善。

对素质方面的考核：教师对学生在整理过程中的表现进行观察、考核，对每位学生在团队中的领导、分工、协作等素质表现进行评估。

8.2.1.8 教学人员

理论内容由主讲教师1人完成；实习车间现场参观由主讲教师和实习师傅2人共同完成。

8.2.2 实训教学实施

8.2.2.1 知识准备

1. 整理活动的推行要领

(1)对工作场所进行全面整理，尤其是看不到的死角。

(2)制定“要”和“不要”的统一标准，并严格按照此标准清除“不要”的物品。

(3)员工进行每日自我检查，进行全面整理。

2. 整理活动推行步骤

(1)现场检查。对工作场所进行全面性的检查，包括眼睛看到的和看不到的地方。例如，设备的内部、文件柜的顶部、桌子的底部位置等，特别是设备，一个大机械设备，其内部是看不见的。归纳起来就是两点：看得见的要整理，看不到的更要进行整理。

(2)进行定点摄影。

(3)区分必需品和非必需品。在整理过程中，要遵循先“分开”后“处理”的原则。分开和处理是一个阶段内的两个步骤。分开是先将要的(必需品)和不要的(非必需品)东西分开。在分开这一个步骤中，先不要去考虑如何处理。在过程中，如果你脑海中浮现一些处理的方法，最好先把它们写下来，供下一步参考用。分开这一步完成了，然后才考虑如何处理。

(4)处理非必需品。

(5)每天循环整理。

(6)检查实施。

整理活动的检查实施参见表8.4。

表8.4 整理活动的检查实施

检查标准	检查工具的准备
5S推行委员会根据检查对象的工作性质制定检查标准 (1)根据区域类别分为科室、生产、库房、后勤四类。检查时，各责任区域可根据区域内班组的类别参照相关的检查标准 (2)根据检查5S责任的对象不同，生产类分为车间、班组、员工三个层次 (3)5S推行小组、各责任区域、班组可根据工作特点的不同，制定5S日常巡回检查表相关内容	(1)检查档案夹准备 (2)检查表准备 (3)检查记录表准备 (4)检查细则

8.2.2.2 实训教学实施

车间现场整理活动实训教学的实施参考表8.5。

表8.5 车间现场整理活动实训教学实施

序号	实施内容	备注
1	将现场考察任务工单分发给学生	分发任务工单,明确学习目标（5 min）
2	简要介绍车间的基本情况。接受学生咨询,对车间现场基本情况进行讲解、答疑	教师给予学生车间所需的资讯（10 min）
3	带领学生以组为单位对车间进行现场考察并做好记录。布置整理活动推行方案、非必需品的处理方案的制作任务	对车间现场进行考察（85 min）
4	检查小组成员分工,判定整理工作计划完成情况。	小组完成成员分工并制订工作计划（10 min）
5	指导学生完成车间生产现场整理,接受咨询并回答学生提出的问题	学生进行车间现场整理（110 min）
6	检查各小组车间现场整理完成情况。对各小组工作进行综合评估。提出改进意见和注意事项	教帅对现场整理进行检查并提出改进意见（30 min）

8.3 车间生产现场整顿

8.3.1 教学程式

学时数为8学时。

8.3.1.1 教学目标

1. 知识目标

掌握整顿的定义、目的、实施方法、注意事项。

2. 能力目标

掌握系统实用的工具与方法,能够对生产现场进行整顿。

3. 素质目标

(1)培养学生观察、分析问题的能力。

(2)培养学生搜集、查阅、整理资料的能力。

(3)培养学生相关知识的综合应用能力。

(4)培养学生团队合作和组织协调能力。

(5)有效提升学生在现场管理中自行解决问题的能力,促进现场管理水平的提高。

(6)提高学生适应现代企业的就业能力。

(7)具有一定的现场管理水平。

8.3.1.2 教学内容

1. 理论内容

(1)整顿的定义,整顿的目的,整顿的方法及推行程序,整顿的注意事项。

(2)制定整顿活动推行方案。“三定”原则——定点、定容、定量。

(3)材料整顿管理制度;工具设备整顿办法;在制品整顿管理办法。

2. 实训内容

(1)学生分组成立5S推行委员会,现场考察对常用物品定位、定容、定量。

(2)学生分组成立5S推行委员会,现场考察并整顿材料、整顿工具设备、整顿在制品。

8.3.1.3 教学资源

(1)软件:教材、课件、任务书。

(2)硬件:理论授课在多媒体教室进行,现场教学在实习车间进行。

(3)所需设备:电脑、多媒体、投影设备、相机。

8.3.1.4 方法手段

案例分析法,任务驱动法,分组讨论法。

多媒体教学法,生产现场教学法,启发引导法。

8.3.1.5 教学的组织与设计

按六步法,教师布置工作任务,学生获取资讯(3学时);小组完成组员分工、进行决策并制订现场考察计划(2学时);学生分组进行现场考察、实施整顿(2学时);检查、评估(1学时)。

1. 任务

以车间真实现场为对象,采用情境化的教学方式,引导学生按照六步法(资讯、决策、计划、实施、检查、评估)对车间现场进行全面考察,制定整顿活动推行方案,为实施现场整顿活动提供决策依据。

2. 任务实施步骤

任务实施步骤如表8.6所示。

表 8.6 任务实施步骤

阶段	教师	学生	学时
资讯	(1)采用 PPT 课件引导式讲解有关推行整顿活动的基本知识和整顿活动推行方案 (2)将现场考察任务工单分发给学生 (3)简要介绍车间的基本情况 (4)带领学生以组为单位对车间进行现场考察并做好记录 (5)接受学生咨询,对车间现场基本情况进行讲解、答疑	(1)学习有关推行整顿活动的基本知识 (2)分组讨论整顿活动推行方案的制作内容,再聆听教师对方案制作内容的讲解 (3)接受教师布置的工作任务,并从教师处获取车间的基本信息 (4)以组为单位对车间进行现场考察并做好记录 (5)收集、总结车间整顿信息,并在任务工单上填写该信息	3
决策	(1)将学生分组成立 5S 推行委员会。10人 1 组,将全班学生分为若干个工作小组 (2)教师布置整顿活动推行方案、非必需品的处理方案的制作任务	(1)各小组选出组长,并完成小组成员分工 (2)根据现场考察所获资讯,确定整顿活动推行方案的总体思路	1
计划	(1)与合作单位协商确定现场整顿活动的推行 (2)审核学生制定的整顿活动推行方案 (3)对整顿方案提出修改意见	(1)以小组讨论的方式,制定整顿活动推行方案 (2)将制定的方案交与教师审核并定稿	1
实施	(1)指导学生完成车间生产现场整顿 (2)接受咨询并回答学生提出的问题	根据所制定的整顿活动推行方案对生产现场进行整理	2
检查	检查各小组车间现场整顿完成情况	学生根据车间整顿检查标准对车间现场整顿进行检查	0.5
评估	(1)对各小组工作进行综合评估 (2)提出改进意见和注意事项	(1)以小组讨论方式方法进行工作评估 (2)根据教师提出的意见进行改进	0.5

8.3.1.6 教学重点

1. 重点与难点

根据现场考察所获资讯,制定整顿活动推行方案。

2. 解决办法

制订详细的现场考察计划,明确考察内容;教师将重点与难点作为考核要点向学生说明,学生以此为导向将其作为整理时的考虑重点,教师在学生的工作计划及实施中围绕重点难点进行指导。

8.3.1.7 考核方法

过程考核:课程嵌入式考核。

对知识方面的考核:教师对学生制作的整顿活动推行方案进行考核。

对技能方面的考核:对学生实施整顿进行考核,考核整顿是否完善。

对素质方面的考核:教师对学生在整顿过程中的表现进行观察、考核,对每位学生在团队中的领导、分工、协作等素质表现进行评估。

8.3.1.8 教学人员

理论内容由主讲教师1人完成;实习车间现场参观由主讲教师和实习师傅2人共同完成。

8.3.2 实训教学实施

8.3.2.1 知识准备

1."三定"原则——定点、定容、定量

1)定点

定点,也称定位,指根据物品的使用频率和便利性,确定物品的放置场所。使用频率高的物品,放置位置应距离工作场地较近。常用物品的定位方法,如表8.7所示。

表8.7 常用物品的定位方法

物品	定位方法
原材料、半成品、成品	在工序附近划分各自明确的摆放区域,在遵循"先进先出"原则的前提下,分类摆放这些物品
机械设备和工作台	在不移动的情况下,可不用画线定位;对需要移动的机械设备或工作台,需画线定位
各类工具	对使用频率高的工具,可依其形状画出外形轮廓,并定位,便于拿取和存放
实验仪器设备	在摆放架或存放区划分明确的摆放区域,明确标识,进行分区域定位存放
办公文件	首先将文件按不同的类别装入不同文件夹,然后以斜线进行定位

2)定容

定容,是指放置物品位置空间大小。所选择的容器大小、材质应符合存放物品的要求,并加相应的标识,使现场有条不紊。

3)定量

定量,即要确定保留在工作场所或其附近物品的数量。物品数量越少越好,同时保证维持正常的生产秩序。

2.FIFO的保管方法

先进先出(First In First Out)简称FIFO,即先入库的物品先出库的意思,又称新陈代谢法。先入库的物品先使用,剩下的物品都是新的;相反,后入库的物品先出库被称为Last In First Out。

3.整顿推行程序

1)分析现状

分析生产现状中存在的问题。

2)将物品分类

根据物品特征、性质和划分类别,制定标准和规范,并正确命名和标识。

a. 可视化标识

可视化标识的种类主要包括表 8.8 所列的 5 种。

表 8.8　可视化标识的种类

种类	举例
区域标识	楼层、车间、厂区标示牌、区域线
类别标识	原材料、半成品、完成品、不良品、合格品分类标识
名称与编号标识	物架编号、机器设备铭牌、花草名称牌
数量标识	堆积高度、存量标识
状态标识	生产、暂停(清扫、维修)等生产状态标识

b. 明确标识应注意以下事项

(1)标识类别相同,规格与制作应统一。

(2)根据需要更新标识,保证标识的有效性。

(3)必要时,应注明责任人。

3)确定储存方法

整顿多采用定置方法储存,包括两种形式,如表 8.9 所示。

表 8.9　定置储存的两种形式

形式	说明	
固定位置	场所固定	物品固定放置丁区域线内或某一固定位置
	标识固定	物品放置标识保持不变,例如防潮、轻放标识
自由	物品存放具有一定的自由度	适用于不必放回原处、不重复使用的物品,例如原材料、毛坯、零部件和半成品,这些物品按工艺流程在各工序间流动,直到成为成品出厂

4)实施整顿

a. 定置工作场所

制定定置图,清楚标示出生产场地、通道和物品存放区,明确区域责任人,同时清除与定置不符的物品。

注意:以线条区分通道和作业区域;使用胶带或隔板划分物品存放区域,避免混乱堆放;明确规定堆放高度;不良品应置于明显处,并以红色标示出来;及时处理状态不明确物品,以免占用空间;危险物品应于指定位置、场所保管。

b. 定置生产现场工序、工位和机台

制作工序、工位和机台定置图,安置文件架等定置硬件,标明工具、仪表、材料、半成品、机器设备及其他各种用具的定置要求。附件箱、零件货架的编号必须与零件账卡目录一致。

c. 定置仓库

设计定置图，按指定地点和要求定置，并保证账物相符。

d. 定置检查现场

检查现场的定置图，根据颜色将检察区域划分为待检查区、良品区、废品区、返修品区和待处理品区。

4. 整顿的注意事项

(1)杜绝“走过场”、“一阵风”的现象。

(2)注意标识的统一。

(3)摆放位置要相对固定。

5. 整顿的内容

(1)材料的整顿：

①备品、备件的整顿；

②润滑油等油类的整顿；

③清扫用具的整顿；

④消耗品类的整顿；

⑤危险品的整顿。

(2)工具设备的整顿。

(3)在制品的整顿。

8.3.2.2　实训教学实施

实训教学的实施参考表8.10。

表8.10　实训教学实施

序号	实施内容	备注
1	将现场考察任务工单分发给学生	分发任务工单，明确学习目标 (5 min)
2	简要介绍车间的基本情况。接受学生咨询，对车间现场基本情况进行讲解、答疑	教师给予学生车间所需的资讯 (10 min)
3	带领学生以组为单位对车间进行现场考察并做好记录。布置整顿活动推行方案的制作任务	对车间现场进行考察 (85 min)
4	检查小组成员分工，判定整顿工作计划完成情况	小组完成成员分工并制订工作计划 (10 min)
5	指导学生完成车间生产现场整顿，接受咨询并回答学生提出的问题	学生进行车间现场整顿 (110 min)
6	检查各小组车间现场整顿完成情况。对各小组工作进行综合评估。提出改进意见和注意事项	教师对现场整顿进行检查并提出改进意见 (30 min)

8.4　车间生产现场清扫

8.4.1　教学程式

学时数为8学时。

8.4.1.1　教学目标：

1. 知识目标

掌握清扫的定义、目的、实施方法、注意事项。

2. 能力目标

掌握系统实用的工具与方法，能够对生产现场进行清扫。

3. 素质目标

(1)培养学生观察、分析问题的能力。

(2)培养学生搜集、查阅、整理资料的能力。

(3)培养学生相关知识的综合应用能力。

(4)培养学生团队合作和组织协调能力。

(5)有效提升学生在现场管理中自行解决问题的能力，促进现场管理水平的提高。

(6)提高学生适应现代企业的就业能力。

(7)使学生具有一定的现场管理水平。

8.4.1.2　教学内容

1. 理论内容

(1)清扫的定义、目的。

(2)清扫实施程序及注意事项。

(3)清扫作业管理办法。

(4)清扫的要点及方法。

(5)检查表的制定。

2. 实训内容

(1)学生分组成立5S推行委员会，制定方针，现场考察并清扫作业台、货架、通道、设备、办公台、文件及图纸和门窗。

(2)学生分组成立5S推行委员会，制定方针，现场考察并对污染发生源、清扫困难提出对策。

8.4.1.3　教学资源

(1)软件：教材、课件、任务书。

(2)硬件：理论授课在多媒体教室进行，现场教学在实习车间进行。

(3)所需设备：电脑、多媒体、投影设备、相机。

8.4.1.4 方法手段

案例分析法；任务驱动法；分组讨论法。

多媒体教学法、生产现场教学法、启发引导法。

8.4.1.5 教学的组织与设计

按六步法，教师布置工作任务，学生获取资讯（3 学时）；小组完成组员分工、进行决策并制订现场考察计划（2 学时）；学生分组进行现场考察、实施清扫（2 学时）；检查、评估（1 学时）。

1. 任务

以车间真实现场为对象，采用情境化的教学方式，引导学生按照六步法（资讯、决策、计划、实施、检查、评估）对车间现场进行全面考察，为该车间现场制定清扫活动的推行方案。为实施现场清扫活动提供决策依据。

2. 任务实施步骤

任务实施步骤如表 8.11 所示。

表 8.11 任务实施步骤

阶段	教师	学生	学时
资讯	（1）采用 PPT 课件引导式讲解有关推行清扫活动的基本知识和清扫活动推行方案的制定内容 （2）将现场考察任务工单分发给学生 （3）简要介绍车间的基本情况 （4）带领学生以组为单位对车间进行现场考察并做好记录 （5）接受学生咨询，对车间现场基本情况进行讲解、答疑	（1）学习有关推行清扫活动的基本知识 （2）分组讨论清扫活动推行方案的制作内容，再聆听教师对方案制作内容的讲解 （3）接受教师布置的工作任务，并从教师处获取车间的基本信息 （4）以组为单位对车间进行现场考察并做好记录 （5）收集、总结车间清扫信息，并在任务工单上填写该信息	3
决策	（1）将学生分组成立 5S 推行委员会，10 人 1 组，将全班学生分为若干个工作小组 （2）教师布置清扫活动推行方案的制作任务	（1）小组选出组长，并完成小组成员分工 （2）根据现场考察所获资讯，确定清扫活动推行方案的总体思路	1
计划	（1）与合作单位协商确定现场清扫活动的推行 （2）审核学生制定的清扫活动推行方案 （3）对清扫方案提出修改意见	（1）以小组讨论的方式，制定清扫活动推行方案 （2）将制定的方案交与教师审核并定稿	1
实施	（1）指导学生完成车间生产现场清扫 （2）接受咨询并回答学生提出的问题	根据所制定的清扫活动推行方案，对生产现场进行清扫	2
检查	检查各小组车间现场清扫完成情况	学生根据车间清扫检查标准对车间现场清扫进行检查	0.5
评估	（1）对各小组工作进行综合评估 （2）提出改进意见和注意事项	（1）以小组讨论方式方法进行工作评估 （2）根据教师提出的意见进行改进	0.5

8.4.1.6 教学重点

1. 重点与难点

根据现场考察所获资讯,制定清扫活动推行方案。

2. 解决办法

制订详细的现场考察计划,明确考察内容;教师将重点与难点作为考核要点向学生说明,学生以此为导向将其作为清扫时的考虑重点,教师在学生的工作计划及实施中围绕重点难点进行指导。

8.4.1.7 考核方法

过程考核:课程嵌入式考核。

对知识方面的考核:教师对学生制作的清扫活动推行方案进行考核。

对技能方面的考核:对学生实施清扫进行考核,考核清扫是否完善。

对素质方面的考核:教师对学生在清扫过程中的表现进行观察、考核,对每位学生在团队中的领导、分工、协作等素质表现进行评估。

8.4.1.8 教学人员

理论内容由主讲教师1人完成,实习车间现场参观由主讲教师和实习师傅2人共同完成。

8.4.2 实训教学实施

8.4.2.1 知识准备

1. 清扫的实施程序

(1)划分责任区。

(2)抹布作战。

(3)设备点检:

①对设备进行清扫保养;

②对开关和电器操作系统进行点检;

③对润滑、油压系统进行点检;

④对电气控制和空气压缩系统进行点检。

(4)清扫检查。

①眼看:用眼睛观察设备的运转,观察是否有异常现象,如漏油、漏水、漏气、变形、偏移、倾斜、变色,环境是否整洁等。

②耳听:用耳朵分辨机器设备运转过程中声音有无异常现象,如运转噪音、振动噪音和平时比较起来,是否超标,有无不同等。

③鼻闻:工作现场是否有异常气味,如电源短路时的塑料烧焦味、化学品泄漏时的刺激性气味以及垃圾未及时处理所发出的臭味等。

④手摸:用手去感觉机器运转和停止过程中有什么异常和不同,如振动、发热、螺丝松动、摇摆等。

口尝:对食品加工企业、饮食业有时会通过用舌来检查食品、食物是否有异味或者变质。

(5)清扫保全:即时保全,委托保全。

(6)制定清扫标准。制定相关的清扫基准,明确清扫对象、方法、重点、程度、周期、使用工具、责任人等项目,保证清扫质量,推进清扫工作的标准化、规范化。

2. 清扫的要点及方法

(1)清扫地面、墙壁和窗户。

①了解过去清扫时出现的问题,明确清扫后要达到的目的。

②清理整顿地面放置的物品,处理不需要的东西。

③全体人员清扫地面,清除垃圾,将附着的涂料和油污等污垢清除,并分析地面、墙壁、窗户的污垢来源,想办法杜绝污染源,并改进现有的清扫方法。

(2)清扫设备。

①在进行设备清扫时需要注意以下内容:

a. 不仅设备本身,其附属、辅助设备也要清扫;

b. 容易发生跑、冒、滴、漏部位要重点检查确认;

c. 油管、气管、空气压缩机等看不到的内部结构要特别留心;

d. 检查注油门周围有无污垢和锈迹;

e. 表面操作部分有无磨损、污垢和异物;

f. 操作部分、旋转部分和螺丝连接部分有无松动和磨损。

②清扫设备时会发现不少问题,对发现的问题要及时处理,并进行以下改进:

a. 维修或更换难以读数的仪表装置;

b. 添置必要的个人安全防护装置;

c. 及时更换绝缘层已老化或损坏的导线;

d. 对需要防锈保护或需要润滑的部位,按照规定及时加油保养;

e. 清理堵塞管道;

f. 调查跑、滴、冒、漏的原因,并及时加以处理。

③查明污垢的发生源。

a. 污染、泄漏产生的原因(如表8.12所示)。

表8.12 污染、泄漏产生的原因

原因	说明
管理意识低落	未将污染发生源当做重要的问题来考虑
放任自流	不管污染发生源产生在何处,任其呈现破损及不正常状态
维持困难	由于清扫难度大,所以干脆放弃不管
技术不足	技术的解决方法不足,或完全未加以防范

b. 污染发生源调查(如表8.13所示)。

表8.13　污染发生源调查

调查	说明
将污染的对象明确化	在进行发生源调查之前,必须先确认是什么污染物。由于污染的种类、形态、严重度、产生量多少等不同,大扫除的方法、调查的方法以及对策也将完全不一样
追寻污染发生源	必须追查污染物为什么会发生并确定如何处置,以认真的态度及有效的方法追根究底
决定污染最严重的重点部位	通过对污染源的调查,将具体的发生部位挂上标示牌,其内容包括:发生部位、状态、发生量(数字明确标示量化程度)、测定方法、防范方法(防止对策或回收方法)等

c. 解决对策。

污染源对策就是思考减少污染发生量或完全不让污染发生的办法。具体对策参见表8.14。

表8.14　污染源对策

序号	对策
1	研讨各种技术,在容易产生粉尘、喷雾、飞屑的部位,装上挡板、覆盖等改善装置,将污染源局部化,以保障作业安全及利于废料收集,减少污染
2	在设备更换、移位时,同样要将破损处修复
3	日常的维持管理是相当重要的,对有黏性的废物如胶纸、不干胶、发泡液等,必须通过收集装置进行收集,以免弄脏地面
4	在机器擦洗干净后要仔细地检查给油、油管、油泵、阀门、开关等部位,观察油槽周围有无容易渗入灰尘的间隙或缺口,排气装置、过滤网、开关是否有磨损、泄漏现象
5	电器控制系统开关、紧固件、指示灯、轴承等部位是否完好
6	须思考高效率的收集或去除污染源的方法,参见表8.15所示

表8.15　高效收集或去除污染源对策

方式		具体的处理方法	改善重点
发生源对策	杜绝式:不使它发生的方法 (1)不使发生 (2)消减发生量	(1)防止滴漏:密封方式、封垫方式 (2)防止飞散:门、护盖的形状、飞散方向或形状 (3)松弛、破损的修理 (4)止尘设计:无粉尘、密封轴承(无油化)、无研磨 (5)防止堵塞、积存	(1)去除 (2)擦拭 (3)修理 (4)停止 (5)止住 (6)减低 (7)不积尘 (8)集中 (9)不发散 (10)不携带 (11)切削
清扫困难处所对策	收集式:收集或去除的方法 (1)集中方法 (2)去除方法	(1)集尘能力、方法的重新修正 (2)去除、回收的方法 (3)扫除道具、收集导板、承油盘形状、大小改善 (4)洗净方法 (5)切削粉的形状、大小、飞散方向、设备本体或基座的形状	

3. 检查表的制定

(1)检查项目。

①是否清除了污染源。

②是否对地面、窗户等地方进行了彻底的清扫和破损修补。

③是否对机器设备进行了从里到外的、全面的清洗和打扫。

(2)清扫的检查点。

对窗框用手指抹抹看,即大致可以知道工作场所的清扫程度,也可运用白手套检查法。灰尘、垃圾清扫状况使用如下内容进行测量。

①“清扫检查表”的用途是将库存、设备、空间有关事项,在清扫时的检查要点加以整理的表格。其主要内容应有以下6个项目。

a. 部门:填入检查对象的部门或工厂名。

b. 检查者:填入执行检查者的姓名。

c. 分类:清扫对象的类别。

d. 检查要点:与清扫有关的检查要点。

e. 检查:检查者一边做现场巡视一边进行检查,“是”(已做到)、“否”(没做到,必须采取对策进行处理)。

f. 对策:检查中“否”的场合,要明确记载对策与完成期限。

②建立“清扫查核表”,参见第5章相关内容。

4. 清扫的注意事项

(1)不能简单地把清扫看成是打扫。

(2)清扫不只是清洁工的事。

(3)清扫过后的废弃物要立即处理掉。

(4)要注意对过高、过远对象的清扫。

8.4.2.2 实训教学实施

实训教学的实施参考表8.16。

表8.16 实训教学实施

序号	实施内容	备注
1	将现场考察任务工单分发给学生	分发任务工单,明确学习目标(5 min)
2	简要介绍车间的基本情况。接受学生咨询,对车间现场基本情况进行讲解、答疑	教师给予学生车间所需的资讯(10 min)
3	带领学生以组为单位对车间进行现场考察并做好记录。布置清扫活动推行方案的制作任务	对车间现场进行考察(85 min)
4	检查小组成员分工,判定清扫工作计划完成情况	小组完成成员分工并制订工作计划(10 min)
5	指导学生完成车间生产现场清扫,接受咨询并回答学生提出的问题	学生进行车间现场清扫(110 min)

续表

序号	实施内容	备注
6	检查各小组车间现场清扫完成情况。对各小组工作进行综合评估。提出改进意见和注意事项	教师对现场清扫进行检查并提出改进意见(30 min)

8.5 车间生产现场清洁

8.5.1 教学程式

学时数为8学时。

8.5.1.1 教学目标

1. 知识目标

掌握清洁的定义、日的、实施方法、注意事项。

2. 能力目标

掌握系统实用的工具与方法,能够对生产现场进行清洁。

3. 素质目标

(1)培养学生观察、分析问题的能力。

(2)培养学生搜集、查阅、整理资料的能力。

(3)培养学生相关知识的综合应用能力。

(4)培养学生团队合作和组织协调能力。

(5)有效提升学生在现场管理中自行解决问题的能力,促进现场管理水平的提高。

(6)提高学生适应现代企业的就业能力。

(7)使学生具有一定的现场管理水平。

8.5.1.2 教学内容

1. 理论内容

清洁的定义、目的,清洁活动推行方案及注意事项,现场清洁管理制度。

2. 实训内容

学生分组成立5S推行委员会,制定清洁活动推行方案,现场清洁管理制度及5S活动检查内容。

8.5.1.3 教学资源

(1)软件:教材、课件、任务书。

(2)硬件:理论授课在多媒体教室进行,现场教学在实习车间进行。

(3)所需设备:电脑、多媒体、投影设备、相机。

8.5.1.4 方法手段

案例分析法,任务驱动法,分组讨论法。

多媒体教学法，生产现场教学法，启发引导法。

8.5.1.5 教学的组织与设计

按六步法，教师布置工作任务，学生获取资讯（3 学时）；小组完成组员分工、进行决策并制定现场考察计划（2 学时）；学生分组进行现场考察、实施清洁（2 学时）；检查、评估（1 学时）。

1. 任务

以车间真实现场为对象，采用情境化的教学方式，引导学生按照六步法（资讯、决策、计划、实施、检查、评估）对车间现场进行全面考察，制定清洁活动推行方案。为实施现场清洁活动提供决策依据。

2. 任务实施步骤

任务实施步骤如表 8.17 所示。

表 8.17 任务实施步骤

阶段	教师	学生	学时
资讯	(1)采用 PPT 课件引导式讲解有关推行清洁活动的基本知识和清洁活动推行方案的制定内容 (2)将现场考察任务工单分发给学生 (3)简要介绍车间的基本情况 (4)带领学生以组为单位对车间进行现场考察并做好记录 (5)接受学生咨询，对车间现场基本情况进行讲解、答疑	(1)学习有关推行清洁活动的基本知识 (2)分组讨论清洁活动推行方案的制作内容，再聆听教师对方案制作内容的讲解 (3)接受教师布置的工作任务，并从教师处获取车间的基本信息 (4)以组为单位对车间进行现场考察并做好记录 (5)收集、总结车间清洁信息，并在任务工单上填写该信息	3
决策	(1)将学生分组成立 5S 推行委员会，10 人 1 组，将全班学生分为若干个工作小组 (2)教师布置清洁活动推行方案的制作任务	(1)各小组选出组长，并完成小组成员分工 (2)根据现场考察所获资讯，确定清洁活动推行方案的总体思路	1
计划	(1)与合作单位协商确定现场清洁活动的推行 (2)审核学生制定的清洁活动推行方案 (3)对清洁方案提出修改意见	(1)以小组讨论的方式，制定清洁活动推行方案 (2)将制定的方案交与教师审核并定稿	1
实施	(1)指导学生完成车间生产现场清洁 (2)接受咨询并回答学生提出的问题	根据所制定的清洁活动推行方案对生产现场进行清洁	2
检查	检查各小组车间现场清洁完成情况	学生根据车间清洁检查标准对车间现场清洁进行检查	0.5
评估	(1)对各小组工作进行综合评估 (2)提出改进意见和注意事项	(1)以小组讨论方式方法进行工作评估 (2)根据教师提出的意见进行改进	0.5

8.5.1.6 教学重点

1. 重点与难点

根据现场考察所获资讯,制定清洁活动推行方案。

2. 解决办法

制定详细的现场考察计划,明确考察内容;教师将重点与难点作为考核要点向学生说明,学生以此为导向作为清洁时的考虑重点,教师在学生的工作计划及实施中围绕重点难点进行指导。

8.5.1.7 考核方法

过程考核:课程嵌入式考核。

对知识方面的考核:教师对学生制作的清洁活动推行方案进行考核。

对技能方面的考核:对学生实施清洁进行考核,考核清洁是否完善。

对素质方面的考核:教师对学生在清洁过程中的表现进行观察、考核,对每位学生在团队中的领导、分工、协作等素质表现进行评估。

8.5.1.8 教学人员

理论内容由主讲教师1人完成;实习车间现场参观由主讲教师和实习师傅2人共同完成。

8.5.2 实训教学实施

8.5.2.1 知识准备

1. 清洁的定义

将整理、整顿、清扫做法制度化、标准化,并维持成果。

2. 清洁实施方法

(1)维持全员的3S意识。

(2)运用3S预防措施维护清洁。

(3)制定清洁手册。

(4)定期检查。

(5)环境色彩化。

3. 清洁的误区

(1)将清洁理解为卫生问题,用于应付评比检查。

(2)简单停留在扫干净的认识上。

(3)清洁化对象只考虑现场的材料和设备方面。

8.5.2.2 实训教学实施

实训教学的实施参考表8.18。

表 8.18 实训教学实施

序号	实施内容	备注
1	将现场考察任务工单分发给学生	分发任务工单,明确学习目标(5 min)
2	简要介绍车间的基本情况。接受学生咨询,对车间现场基本情况进行讲解、答疑	教师给予学生车间所需的资讯(10 min)
3	带领学生以组为单位对车间进行现场考察并做好记录。布置清洁活动推行方案的制作任务	对车间现场进行考察(85 min)
4	检查小组成员分工,制定清洁工作计划完成情况	小组完成成员分工并制定工作计划(10 min)
5	指导学生完成车间生产现场清洁 接受咨询并回答学生提出的问题	学生进行车间现场清洁(110 min)
6	检查各小组车间现场清洁完成情况。对各小组工作进行综合评估。提出改进意见和注意事项	教师对现场清洁进行检查并提出改进意见(30 min)

8.6 车间生产现场优化管理

8.6.1 教学程式

学时数为 18 学时

8.6.1.1 教学目标

1. 知识目标

(1)了解5S的起源;理解5S的含义、管理思路、推行目的、了解国内外5S的概况。

(2)能够制定活动程序、目标方针、成立推行组织,制定样板区。

(3)掌握整理、整顿、清扫、清洁、素养的定义、目的、实施方法、注意事项。

(4)理解并掌握5S的七种推行工具。

(5)了解目视管理的发展;掌握其定义、作用和基本要求。

(6)了解看板管理的发展、掌握其定义和作用,能够进行看板的制作和维护。

(7)掌握现场5S的检查表制定。

(8)理解5S标准化的概念、并能制定生产现场标准化的内容。

2. 能力目标

(1)正确理解现场管理与改善——5S。

(2)推行5S之前应能做好各种前期准备。

(3)掌握系统实用的工具与方法,能够对生产现场进行整理、整顿、清扫、清洁。

(4)掌握系统实用的工具与方法,解决现场中的实际问题。

(5)掌握目视管理的方法,解决现场中的实际问题。

(6)掌握看板管理的方法,解决现场中的实际问题。

(7)能够制定生产现场5S的检查表,对生产现场进行考核。

(8)能够对各种生产现场进行标准化。

3. 素质目标

(1)培养学生观察、分析问题的能力。

(2)培养学生搜集、查阅、整理资料的能力。

(3)培养学生相关知识的综合应用能力。

(4)培养学生团队合作和组织协调能力。

(5)有效提升学生在现场管理中自行解决问题的能力,促进现场管理水平的提高。

(6)提高学生适应现代企业的就业能力。

(7)具有一定的现场管理水平。

8.6.1.2　教学内容

1. 理论内容

5S的定义、目的及实施方法;现场管理的基本方法,对生产车间进行生产现场优化管理。

2. 实训内容

(1)学生分组成立5S推行委员会,制定5S推行活动方案,对生产现场进行优化管理。

(2)学生分组成立5S推行委员会,制定5S推行活动方案,对生产现场进行标准化管理。

8.6.1.3　教学资源

(1)软件:教材、课件、任务书。

(2)硬件:理论授课在多媒体教室进行,现场教学在实习车间进行。

(3)所需设备:电脑、多媒体、投影设备、相机。

8.6.1.4　方法手段

案例分析法,任务驱动法,分组讨论法。

多媒体教学,生产现场教学,启发引导法。

8.6.1.5　教学的组织与设计

按六步法,教师布置工作任务,学生获取资讯(3学时);小组完成组员分工、进行决策并制定现场考察计划(2学时);学生分组进行现场考察、实施5S推行活动(2学时);检查、评估(1学时)。

1. 任务

以车间真实现场为对象,采用情境化的教学方式,引导学生按照六步法(资讯、决策、计划、实施、检查、评估)对车间现场进行全面考察,制定5S活动推行方案,为实施现场优化管理、标准化管理提供决策依据。

2. 任务实施步骤

任务实施步骤见表8.19所示。

表8.19 任务实施步骤

阶段	教师	学生	学时
资讯	(1)采用PPT课件引导式讲解有关推行5S活动的基本知识和5S活动推行方案的制定内容 (2)将现场考察任务工单分发给学生 (3)简要介绍车间的基本情况 (4)带领学生以组为单位对车间进行现场考察并做好记录 (5)接受学生咨询,对车间现场基本情况进行讲解、答疑	(1)学习有关推行5S活动的基本知识 (2)分组讨论5S活动推行方案、非必需品处理方案的制作内容,再聆听教师对方案制作内容的讲解 (3)接受教师布置的工作任务,并从教师处获取车间的基本信息 (4)以组为单位对车间进行现场考察并做好记录 (5)收集、总结车间信息,并在任务工单上填写该信息	3
决策	(1)学生分组成立5S推行委员会,10人1组,将全班学生分为4个工作小组 (2)教师布置5S活动推行方案的制作任务	(1)各小组选出组长,并完成小组成员分工 (2)根据根据现场考察所获资讯,确定活动推行方案的总体思路	1
计划	(1)与合作单位协商确定现场5S活动的推行 (2)审核学生制定的5S活动推行方案 (3)对整理方案提出修改意见	(1)以小组讨论的方式,制定5S活动推行方案 (2)将制定的方案交与教师审核并定稿	1
实施	(1)指导学生完成车间生产现场优化管理和标准化管理 (2)接受咨询并回答学生提出的问题	根据所制定的5S活动推行方案对生产现场进行优化管理和标准化管理	2
检查	检查各小组车间现场优化管理和标准化管理完成情况	学生根据车间5S检查标准对车间现场优化管理和标准化管理进行检查	0.5
评估	(1)对各小组工作进行综合评估 (2)提出改进意见和注意事项	(1)以小组讨论方式方法进行工作评估 (2)根据教师提出的意见进行改进	0.5

8.6.1.6 教学重点

1. 重点与难点

根据现场考察所获资讯,制定5S活动推行方案。

2. 解决办法

制定详细的现场考察计划,明确考察内容;教师将重点与难点作为考核要点向学生说明,学生以此为导向作为5S活动推行时的考虑重点,教师在学生的工作计划及实施中围绕重点难点进行指导。

8.6.1.7 考核方法

过程考核:课程嵌入式考核。

对知识方面的考核：教师对学生制作的5S活动推行方案进行考核。

对技能方面的考核：对学生实施5S活动进行考核，考核5S活动是否完善。

对素质方面的考核：教师对学生在5S活动过程中的表现进行观察、考核，对每位学生在团队中的领导、分工、协作等素质表现进行评估。

8.6.1.8 教学人员

理论内容由主讲教师1人完成；实习车间现场参观由主讲教师和实习师傅2人共同完成。

8.6.2 实训教学实施

实训教学的实施参考表8.20。

表8.20 实训教学实施

序号	实施内容	备注
1	将现场考察任务工单分发给学生	分发任务工单，明确学习目标（5 min）
2	简要介绍车间的基本情况。接受学生咨询，对车间现场基本情况进行讲解、答疑	教师给予学生车间所需的资讯（10 min）
3	带领学生以组为单位对车间进行现场考察并做好记录。布置车间生产现场优化管理方案的制作任务	对车间现场进行考察（85 min）
4	检查小组成员分工，判定车间生产现场优化管理工作计划完成情况	小组完成成员分工并制订工作计划（10 min）
5	指导学生完成车间生产现场优化管理，接受咨询并回答学生提出的问题	学生进行车间生产现场优化管理（110 min）
6	检查各小组车间生产现场优化管理完成情况。对各小组工作进行综合评估。提出改进意见和注意事项	教师对车间生产现场优化管理进行检查并提出改进意见（30 min）

9

5S 管理推行标准

9.1 5S 执行标准

9.1.1 5S 活动自我评估与诊断标准

5S 活动自我评估与诊断标准如表 9.1 所示。

表 9.1 5S 自我评估与诊断标准

序号	评估项目	评估与诊断标准
1	公共设施环境卫生	(1)浴室、卫生间、锅炉房、垃圾箱等公共设施完好 (2)环境卫生有专人负责,随时清理,无卫生死角 (3)厂区绿化统一规划,花草树木布局合理、养护良好
2	厂区道路车辆	(1)道路平整、干净、整洁,交通标识和划线标准、规范、醒目 (2)机动车、非机动车位置固定、标识清楚
3	宣传标志	(1)张贴、悬挂表现企业文化的宣传标语 (2)宣传形式多样化、内容丰富
4	办公室物品和文件资料	(1)办公室物品摆放整齐、有序,各类导线集束,实施色标管理 (2)办公设备完好、整洁 (3)文件资料分类定置存放,标识清楚,便于检索 (4)桌面及抽屉内物品保持正常办公的最低限量
5	办公区通道、门窗、墙壁、地面	(1)门厅和通道平整、干净 (2)门窗、墙壁、天花板、照明设备完好且整洁 (3)室内明亮、空气新鲜、温度适宜
6	作业现场通道和室内区域线	(1)通道平整、通畅、干净、无占用 (2)地面划线清楚、功能分区明确,标识可移动物摆放位置,颜色、规格统一
7	作业区地面、门窗、墙壁	(1)地面平整、干净 (2)作业现场空气清新、明亮 (3)标语、图片、图板的悬挂和张贴符合要求 (4)各种不同使用功能的管线布置合理、标识规范
8	作业现场设备、工装、工具、工位器具和物料	(1)定置管理,设备(含检测、试验设备)、仪器、工装、工具、工位器具和物料分类合理、摆放有序 (2)作业现场不存放无用或长久不用的物品 (3)消除跑、冒、滴、漏,设备“无黄袍”,杜绝污染
9	作业现场产品	(1)防止零部件磕碰划伤的措施良好、有效 (2)产品状态标识清楚、明确,严格区分合格品与不合格品 (3)产品放置区域合理、标识清楚

续表

序号	评估项目	评估与诊断标准
10	作业现场文件	(1)文件是适用、有效的版本 (2)各种记录完整、清楚 (3)文件摆放位置适当、保持良好
11	库房	(1)定置管理,摆放整齐 (2)位置图悬挂标准,通道畅通 (3)账、卡、物相符,标识清楚 (4)安全防护措施到位
12	安全生产	(1)建立了安全管理组织网络,配备专职管理人员 (2)建立安全生产责任制,层层落实 (3)制定安全生产作业规程,人人自觉遵守 (4)有计划地开展安全生产教育与培训
13	行为规范与仪容	(1)员工自觉执行公司的相关规定,严格遵守作业纪律 (2)工作坚持高标准,追求“零缺陷” (3)制定并遵守礼仪守则 (4)衣着整洁 (5)工作时间按规定统一穿戴工作服、工作帽 (6)工厂区内上班时间,员工能自觉做到不吸烟

9.1.2　5S 执行标准

9.1.2.1　整理活动

整理活动执行标准如表 9.2 所示。

表 9.2　整理活动执行标准

编号	典型活动	执行标准	照片
1	抛弃不需要的东西或将其运回仓库(如一年内没有用过的物品)	(1)处理掉过期的文件、食物、药物、破损无用物品、机械/仪器设备、空化工容器等 (2)回仓余料或区域内不常用的物品,处理掉坏料	—
2	3R:环保回收、循环再用及节能降耗(减少用纸以及水、电用量)	(1)垃圾分类存放(化工类、塑料类、纸类等) (2)设立环保纸箱 (3)申领文具实行以旧换新 (4)制订节能降耗计划	

续表

编号	典型活动	执行标准	照片
3	根据需要的物品，按使用程度进行低、中、高方式的存放	所需要的物品均应定位分类存放，如工具类、仪/机器类、文件类、文具类、物料、零配件等，并将其按经常用、短期用、较长时间用的类别分开摆放	—
4	工作区域私人物品减至最低并集中存放	私人物品在工作区域尽量减少，并且应集中统一整齐存放（如水杯、衣服、雨伞、鞋等）	
5	处理脏乱、泄漏和损坏情况，并消除其根源	（1）维修时应挂出“正在维修中”的牌子，并要保全相关记录 （2）待维修的地方应挂出“待维修”的牌子并显示维修完成日期 （3）及时处理好区域内脏乱、泄漏和损坏的情况	
6	工作用的物品应合理分配和利用（如一套工具/文具，一页表格）	（1）每位职员应有一套适宜的文具 （2）每位修理工应有一套适用的工具 （3）实施一换一制度	—
7	一小时会议（精简发言）	（1）每天早会控制在10分钟以内 （2）会议守则（准备议程、准时开会、关掉手机、发言精简、准时结束）	—
8	物料或文件集中存放（包括计算机档案）	文件、记录、文具、工具、物料、食物等均必须分类、集中存放	

9.1.2.2 整顿活动

整顿活动执行标准如表9.3所示。

表9.3 整顿活动执行标准

编号	典型活动	执行标准	照片
1	所有物品都有一个清楚的标识和存放位置	所有的机械、仪器、物料、成品均有名称及完整的标识，标识上写明放置地点	

续表

编号	典型活动	执行标准	照片
2	每个划分的区域均有负责人标识	每个分区都有负责人标识，每个员工都有负责的地区	—
3	文件、物料、工具等使用合适的容器存放，整齐放置	存放的文件、记录、工具、物料、成品、文具等应采用适宜的容器存	
4	文件和物品的存盘标准和控制总表(包括物品的最高、最低数量)	(1)文件、记录、资料应制定存盘标准(按时间先后、型号、文件编号等)及控制总表 (2)物料、半成品贮存标准及控制总表	
5	先进先出原则的安排	(1)物料、产品的进出应按先进先出原则进行 (2)应有有效期标记	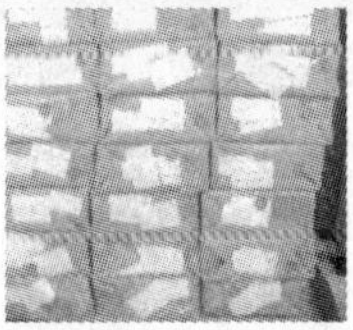
6	区域划分区地线和指引牌	各种区域应用不同颜色地线划分出来，并标示出区域属性及责任人	—
7	整洁、明确、易懂的通告板和通告(有大标题和分区，及时清除过期通告)	通告板上应有分类标题(如行政通告、内部通告、各部门通告和进度等)、负责人及时定期清除过期通告	 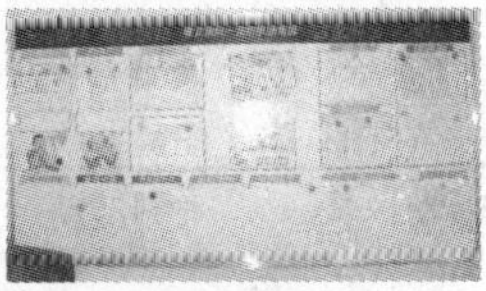
8	在30秒内可取出和放回文件及物品	文件、记录集中存放并用彩色斜线分类标记，而且能够在30秒内取用或存放	

9.1.2.3 清扫活动

清扫活动执行标准如表9.4所示。

表 9.4　清扫活动执行标准

编号	典型活动	执行标准	照片
1	个人清扫责任的划分及执行(包括高层人员)	每人清理自己的工作范围及负责区域	—
2	使清扫和检查更容易(如铺地砖和离地 150 mm)	(1)所有通道和公共区域均应保持清洁、顺畅 (2)所有电线或拖板离地一尺装置 (3)尽量使用机械化清洁作业,如吸尘/吸水机、洗地机等	
3	清扫那些很少注意到的隐蔽地方(如风槽顶)	注意清扫隐蔽的地方,如风扇叶、柜顶/底/内/侧、角落、机器下面、风槽顶、灯管顶等	
4	地面和整体环境保持光洁、明亮	各区域负责人应确保本区域内无垃圾、污渍、杂乱等	

9.1.2.4　清洁活动

清洁活动执行标准如表 9.5 所示。

表 9.5　清洁活动执行标准

编号	典型活动	执行标准	照片
1	保持透明度(如能够一眼看透的玻璃门/盖)	(1)各部门应尽量使用透明盖/门的柜子存放物品、文件、工具 (2)如是木质或铁质的盖/门,应在门外标示清楚,并配置相应的照片,明确责任人	
2	在现场采用直线及直角式的布置,保持通道通畅(增加空间和减少碰撞)	(1)办公桌、工作台的布置以直线直角为主 (2)物料存放以直线直角为主,标志朝外	

续表

编号	典型活动	执行标准	照片
3	现场工作指引和“已检查合格”的标识	(1)生产/作业现场应有有效的工作指引 (2)仪器及设备，如烙铁(温度)、电批(力度)等均应符合现场指引要求 (3)物料/成品的状态有明确标识	—
4	电掣功能、控制范围标识及电线的整理(包括离地)	(1)各类电线、电话线等应分类扎好，不会交叉凌乱 (2)对各个开关的控制范围要明确标示	
5	节省能源方法	(1)下班时应将空调、电灯、计算机、风扇等电器的电源关闭 (2)制定空调合适温度指针，例如，将空调统一设定在 24 ℃，当气温低于 24 ℃时，空调启动不了 (3)张贴相应的标语	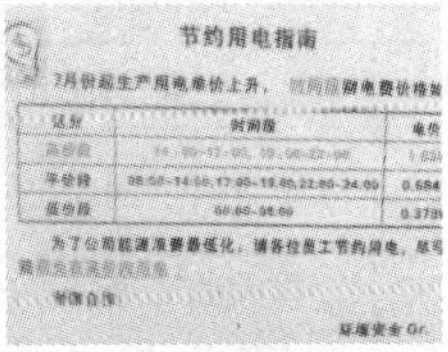
6	通道、管道等的方向标识及颜色区分	(1)通道方向要标记 (2)喉管以颜色管理、分区 (3)电掣有荧光开关标记	
7	颜色和视觉管理(纸、文件匣、名牌、柜子等)	(1)对文件用不同颜色作为分类标记 (2)危险标记、消防设施/通道等安全标记统一使用红色	
8	在平面图和现场上加上5S 和工作责任标识	各部门将 5S 划分的责任区域形成平面图，并张挂于部门内明显位置	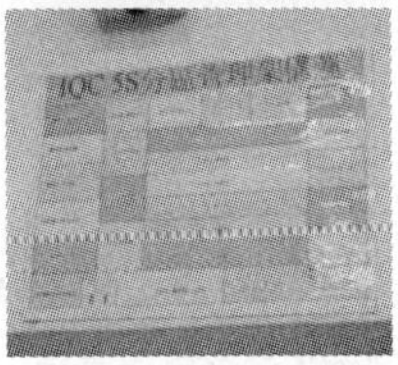
9	防止噪声、震动和危险情况并消除隐患	(1)定期检查及保养仪器和设备，如有超标应及时改善 (2)定期检查安全设施及安全隐患	—
10	清晰的部门/办公室的标识、名牌和工作证	(1)各部门、各办公室、各职位均应有清晰的名牌 (2)每个人均应按规定佩戴厂证	—

续表

编号	典型活动	执行标准	照片
11	防止出错的方法	(1)挂工具的墙或木板上有线条显示形象,并标示清楚 (2)固定摆放物品的位置均以图标/照片显示	

9.1.2.5 素养活动

素养活动执行标准如表9.6所示。

表9.6 素养活动执行标准表

编号	典型活动	执行标准	照片
1	履行自己的职责	(1)遵守厂纪厂规、员工守则 (2)履行个人工作职责	—
2	每天收工前5分钟执行5S活动(自己定执行内容表)	每人每天收工前均需按"个人5S检查表"(个人自定5~10条内容)进行5分钟执行5S活动	—
3	组织架构和服务宗旨放在入口明显位置	(1)每个部门均有最新组织架构图 (2)每个部门都展示有公司管理方针和部门目标	

9.1.2.6 安全

安全活动执行标准如表9.7所示。

表9.7 安全活动执行标准表

编号	典型活动	执行标准	照片
1	处理紧急情况的培训(如火警、化学品泄漏、急救等)	(1)急救药箱内均有药物,且配置符合规定 (2)每个部门均定期(每半年)举行急救、逃生、救火等知识培训 (3)定期举行消防、防台风、防水灾、防化学品泄漏的演习,并以图文并茂的形式设专栏进行宣传 (4)逃生门处均应配置开启的工具和钥匙 (5)定期检查消防设备	 
2	穿戴安全衣/帽/手套/鞋/吊带/眼罩/耳塞等防护用品	(1)取用及贮存化学药品应遵守相关文件规定 (2)喷油、浸锡、打磨应戴适用的手套、口罩和眼镜 (3)使用的静电带、烙铁、电批等均应经检测合格并符合指引要求	—
3	"紧急出口"标识和走火逃生指示图	(1)每出口处均有"安全出口"标示 (2)每个区域均有"逃生图"(走火图)张挂于出口/入口明显位置,并指示"你在此"	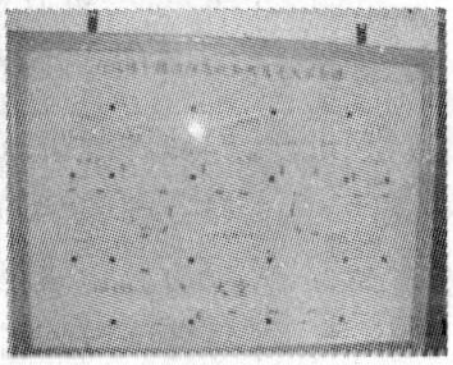
4	"危险"牌、警告灯、响号、灭火器及其他安全设施	(1)消防设施处应用红色标示 (2)危险品处应有相应警示标语 (3)消防/安全设施处及其通道不能存放任何物品 (4)消防/安全设施定期检查,并有安全使用指引	

9.2 企业各区域5S活动标准

9.2.1 生产区域5S活动标准

生产区域5S活动标准如表9.8所示。

表9.8 生产区域5S活动标准

	活动标准
整理	(1)工作区域物品摆放应有整体感 (2)物料按使用频率分类存放 (3)三天及三天以上使用的物品在未操作时,不应摆在工作台上 (4)设备、工作台、清洁用具、垃圾桶、工具柜应在指定的场所,按水平直角放置 (5)良品、不良品、半成品、成品要规划区域摆放与操作,并标识清楚(良品区用黄色,不良品区用红色) (6)周转车要扶手朝外整齐摆放 (7)呆滞物品要定期清除 (8)工作台上的工具、模具、设备、仪器等无用物品须清除 (9)生产线上不应放置多余物品,不应掉落物料、零料 (10)地面不能直接放置成品(半成品)、零件,不能掉有零部件 (11)私人物品应放置在指定区域内 (12)茶杯应放在茶杯架上 (13)电源线不应杂乱无章地散放在地上,应扎好规范放置 (14)脚踏开关电线应从机器尾端引出,开关应定位管理 (15)按货期先后分"当天货期"、"隔天货期"、"隔两天以上货期"三个产品区摆放 (16)没有投入使用中的工具、工装、刃物等应放在物品架上 (17)测量仪器的放置处应无其他物品 (18)绕线机放置处除设备、纤维管、剪刀外,不应放置其他物品 (19)包带机放置处除设备、剪刀、润滑油外,不应放置其他物品
整顿	(1)各区域要做区域标识画线(线宽:主通道12厘米,其他8厘米) (2)各种筐、架的放置处要有明确标识(标识为黄、白色,统一外印) (3)所有物品、产品要有标识,做到一目了然 (4)各区域要制定定位管理总图并注明责任人 (5)不良品放置场地应用红色予以区分 (6)消防器材前应用红色斑马线予以标识区分 (7)卫生间应配以图像标识 (8)物品摆放应整齐、垂直放置,且须与定位图吻合 (9)标识牌、作业指导书应统一纸张及高度,水平直角粘贴 (10)宣传白板、公布栏内容应适时更新 (11)下班后,椅子应归到工作台下与台面水平直角放置 (12)清洁用具用完后,应放入指定场所 (13)不允许放置物品的地方(通道除外)要有标识 (14)产品、零件不得直接放置在地面上 (15)固定资产应有资产标识、编号及台账管理 (16)物品应按使用频率放置,使用频率越高的放置越近 (17)工装、夹具应按类别成套放置 (18)成品摆放高度为:普通包装方式1.3米,安全包装方式1.5米 (19)橡胶筐、纸板应按规定区域摆放,定时处理 (20)设备、机器、仪表、仪器要求定期保养维护、标识清楚,且有记录 (21)图纸、作业指导书、标语、标识应保持最新状态的有效版本 (22)易燃易爆危险品要在专用地点存放并标识,旁边需设有灭火器

续表

	活动标准
清扫	(1)地面应保持无碎屑、废包装袋、废聚酯膜等其他杂物 (2)地面应每天打扫并在5S日进行大扫除 (3)墙壁应保持干净,不应有胡乱贴纸、刻画等现象 (4)机器设备、工具、电脑、风扇、灯管、排气扇、办公桌、周转车等应经常擦拭,保持清洁 (5)浸洪、环氧地面应定期清理 (6)饭堂、物料库屋顶应定期清理 (7)花草要定期修剪、施肥
清洁	(1)垃圾筐内垃圾应保持在垃圾筐容量的3/4以下 (2)有价废料应每天回收 (3)工作台、文件夹、工具柜、货架、门窗应保持无损坏、无油污 (4)地面应定时清扫,保持无油渍 (5)清洁用具保持干净 (6)卫生间应定时刷洗 (7)共同餐具应定时消毒
安全	(1)不应乱搭线路 (2)特殊岗位持上岗证操作 (3)电源开关及线路应保持无破损 (4)灭火器要保持在有效期内,方便易取
素养	(1)坚持班前会,学习礼貌用语并做好记录 (2)每天坚持做5S工作,做内部5S不定状况诊断 (3)注意仪容、仪表,穿着制服、佩戴工牌上班 (4)遵守厂纪厂规,不做与工作无关的事 (5)按时上下班,不早退、不迟到、不旷工 (6)吸烟到规定场所,不在作业区吸烟 (7)打卡、吃饭自觉排队,不插队 (8)不随地吐痰,不随便乱抛垃圾,看见垃圾立即拾起放好 (9)上班不闲聊、呆坐、吃东西,离开工作岗位时佩戴离岗证 (10)保持良好个人卫生 (11)按作业指导书操作,避免质量差错

9.2.2 办公区5S活动标准

办公区5S活动标准如表9.9所示。

表9.9　办公区域5S活动标准

	活动标准
整理	(1)办公室物品放置要按平行、直角放置,不得出现凌乱现象 (2)除每日必需品外,其他物品不应存放在办公台上 (3)办公桌下除个人垃圾桶外不得放其他任何物品 (4)垃圾桶(公用)及清洁用具须按规划区域摆放 (5)办公室每张办公桌上都配有一套相同的办公文具,不能共用 (6)茶杯、烟灰缸不应放置于办公桌上 (7)办公台面应保持干净,抽屉里面不应杂乱无章 (8)过时文件要及时处理 (9)文件、资料要分类,平行、直角摆放于文件柜或办公桌上
整顿	(1)设置物品摆放定置管理图,并标注物品责任人 (2)文件、资料等应使用标识,定置管理 (3)需要的文件、资料能在10秒钟之内找到 (4)茶杯应放在指定的茶杯架上 (5)办公抽屉应按办公用品资料、文件样品、生活用品等归类、区分摆放,且做好标识 (6)垃圾桶、清洁用品应放在指定场所 (7)人员离开办公台时,应将办公椅推至台下,并使其紧挨办公台平行放置 (8)电源插头应保持干净且用不干胶打印做标识 (9)电话、台历应划定位线 (10)电脑、电话线应束起来,不得凌乱 (11)标语、挂图等应保持有效版本 (12)墙上文件夹应按大小统一归类挂置,且需做目录 (13)过时跟踪卡、图纸等应指定摆放区域,定位放置 (14)文件柜应用标识标明柜内物品及负责人
清扫	(1)地面应保持无灰尘、碎屑、纸屑等杂物 (2)墙角、地板、电脑、空调、墙壁、天花板、排气扇、办公用品等要定期维护,保持干净 (3)办公桌面、抽屉、文件柜应保持整齐 (4)垃圾桶内的垃圾不应超过垃圾桶容量的3/4 (5)白板应定期进行整理,保持干净
清洁	(1)文具及办公用品应保持清洁并无破损,文件无掉页,标识清楚,封面清洁 (2)工作鞋、工作服应整齐干净 (3)地面、墙壁等无脏印、无灰尘 (4)清洁用具、垃圾桶应保持干净 (5)整理、整顿、清扫应规范化、习惯化,管理人员能督导部署,部署能自发工作
安全	(1)无乱搭线路 (2)电源开关及线路无破损 (3)空调使用有专人负责

续表

	活动标准
素养	(1)坚持开班前会,学习礼貌用语并做好记录 (2)每天坚持做5S工作,作内部5S不良状况诊断 (3)注意仪容仪表,按规定穿着制服、佩戴工牌上班 (4)遵守厂纪厂规,不做与工作无关的事 (5)按时上下班、不早退、不迟到、不旷工 (6)吸烟到规定场所,不在办公室吸烟 (7)保持良好个人卫生 (8)人员仪容端正、精神饱满、认真工作 (9)下班后须关闭所有用电设备、器件

9.2.3　仓库5S活动标准

仓库5S活动标准如表9.10所示。

表9.10　仓库5S活动标准

	活动标准
整理	(1)呆滞物料应按规定日期申报处理 (2)报废物品、有价废料应定期处理 (3)漆包线、卷线应按规格、型号、产地、购进时间分类贮存 (4)内协引线、标签等物品应存放在便于查找的位置 (5)纸箱、泡沫箱等材料应摆放整齐,剩余的纸隔板应定期处理 (6)客供物料应有专门区域存放 (7)通道应畅通,整体应整洁有序 (8)文件及各种单据应分类按序摆放 (9)垃圾桶、清洁用具应按规划区域摆放 (10)待检物料、呆滞物料、报废品、废料分区域放置 (11)退货产品与合格产品应分区摆放 (12)退货产品与退货附件应定期处理

续表

	活动标准
整顿	(1)设置物品摆放定置管理图,并标明责任人 (2)产品、物料分类摆放并有标识,且物、账应一致 (3)物品应设置最高库存量与最低库存量 (4)主料、辅料、杂料、包装材料、危险物品应分开定位放置 (5)账、卡、物应一致,卡应悬挂在物品放置处 (6)环氧树脂、氧气、氨气、油类等易燃、易爆的危险品应放在特定场所 (7)对于一时无法存放于库房的物料,应设置“暂放”标牌 (8)物料存放区域的存放点应符合定置图要求 (9)产品物料直列放置不应超过1.5米(纸箱、泡沫板除外) (10)常用物料应便于领用和存放 (11)物料应按“分类储存管理”储存 (12)进出仓库记录应按规定要求操作
清扫	(1)材料不应脏污、附有灰尘 (2)墙壁、天花板应保持干净,地面应保持无灰尘、纸屑、水渍 (3)电脑、电话机、电风扇、灯管、物料等表面应无灰尘
清洁	(1)安全防火工作应落实,通道应划分界线,感觉舒畅 (2)物品摆放应整齐有条理、不脏乱 (3)以上3S应制度化、习惯化 (4)抽屉不应杂乱,下班时,办公桌上应保持整洁
安全	(1)无乱搭线路 (2)特殊岗位持上岗证操作 (3)电源开关及线路保持无破损 (4)灭火器在有效期内,方便易取 (5)消防通道够宽、无堵塞
素养	(1)坚持班前会,学习礼貌用语并做好记录 (2)每天坚持做5S工作,做内部5S不定状况诊断 (3)注意仪容、仪表,按规定穿着制服、佩戴工牌上班 (4)遵守厂纪厂规,不做与工作无关的事 (5)按时上下班、不早退、不迟到、不旷工 (6)吸烟到规定场所,不在作业区吸烟 (7)打卡、吃饭自觉排队,不插队 (8)不随地吐痰,不随便乱抛垃圾,看见垃圾立即拾起放好 (9)上班不闲聊、呆坐、吃东西,离开工作岗位佩戴离岗证 (10)保持良好个人卫生 (11)按作业指导书操作,避免质量差错

9.2.4　员工宿舍 5S 活动标准

员工宿舍 5S 活动标准如表 9.11 所示

表 9.11　员工宿舍 5S 活动标准

	活动标准
整理	(1)不要的物品应及时清除 (2)人员变动后,其床位标识应及时更新 (3)衣服晾晒应按照指定地点操作 (4)待清洗物品的摆放应适宜 (5)不应随意乱贴图片
整顿	(1)行李包、箱应定置放置,摆放整齐 (2)储存箱标识清晰,定点放置 (3)床位放置应整齐、标识齐全 (4)床上用品应定点放置,摆放应整齐 (5)蚊帐张挂应适宜,床铺应整齐 (6)工作台、凳应定点放置 (7)鞋、水桶、脸盆、水壶应定点放置 (8)洗刷用品应定位管理 (9)通道应保持畅通 (10)水、电设施应完好 (11)消防用品应符合使用要求 (12)应急照明应保持正常运行 (13)门、窗、床铺应完好
清扫	(1)不用的物品应被清走 (2)地面不应有瓜子壳、果皮、纸屑 (3)地面应每天清扫 (4)安全设施应清扫
清洁	(1)墙面应干净、无脚印等 (2)电源开关、电风扇、灯管应保持清洁 (3)电话、热水器、煤气罐应保持干净 (4)行李包、储存箱应干净 (5)床上用品应清洁、无异味 (6)楼梯、通道、楼梯扶手应十净 (7)饭盒、水杯、水壶应干净 (8)洗手间、洗脸台应清扫

续表

	活动标准
安全	(1)危险品应明确标识 (2)安全标识应齐备 (3)消防设施应定置放置并处于可用状态 (4)通道应保持畅通 (5)不应乱搭线路 (6)床位应结实 (7)不得破坏电源线路及开关 (8)煤气未用时应关闭
素养	(1)注重仪容仪表 (2)不应在禁烟区吸烟 (3)不随地吐痰 (4)按时上下班 (5)遵守厂纪厂规,按时就寝

9.2.5 卫生间管理标准

(1)讲究卫生,保持卫生间(厕所、洗手间、盥洗室)内清洁、干净,无异味。

(2)爱护公共设施,对故意损坏的,按价赔偿,非人为损坏的,及时申报维修。

(3)严禁在厕所门上乱写乱画。

(4)文明用厕,严禁向卫生间(厕所、洗手间、盥洗室)扔杂物。

(5)严禁在厕所内抽烟。

(6)卫生间(厕所、洗手间、盥洗室)地面较滑的,应在门口和地面铺设防滑垫。

(7)洗手间内应放置清洁剂并及时补充。

(8)节约用水、用电,用后即关闭水龙头,人走后即随手关灯。

(9)做好卫生间(厕所、洗手间、盥洗室)及附属设施的目视化管理。

(10)清洁工清扫时,应悬挂"现正清扫,请稍候 10 分钟"的提示牌,员工在清洁工清扫时,严禁如厕。

(11)各部门必须指派专人对厕所进行管理,厕所管理员必须对清洁员进行监督和考核。

(12)公司(5S 管理委员会)对各部门卫生间(厕所、洗手间、盥洗室)进行不定期检查,于每半年组织一次卫生间(厕所、洗手间、盥洗室)专项检查。

9.2.6 班组工作角管理标准

(1)班组工作角必须进行定置与标识。

(2)桌椅必须整齐摆放,严禁在桌椅上乱写乱画。

(3)工作角必须保持干净、整洁,设施无破损,损坏及时维修。

(4)工作角的一些记录及文件必须按定置要求摆放。

(5)工作角文件柜、工具柜必须按定置要求摆放且标识。

(6)工作角及附近必须有早会定置线。

(7)每个班组必须按实际情况配置 1 ~2 块目视板。

(8)目视板至少要包括以下内容:

①在制品目前状态;

②出勤和岗位轮岗情况;

③质量目标和实际值;

④改善(现场改善)活动;

⑤主要成本目标值和实际值;

⑥其他内容,各班组可视具体情况而定。

(9)目视内容必须与实际情况相符,并体现最新状态(即时更新)。

(10)严禁在工作角大声喧哗、吃零食、打瞌睡等。

(11)故意损坏公物的,按价赔偿。

(12)各部门必须有工作角物品清单。

(13)各部门必须每月对工作进行检查一次。

(14)5S 管理委员会进行不定期检查,并每季度组织一次专项检查。

9.3　生产现场定置标准和物品管理标准

9.3.1　生产现场定置标准

9.3.1.1　通道标识

通道标识要求如表 9.12 所示。

表 9.12　通道标识

类别	通道宽度	通道线			区域形成方式	转弯半径
		颜色	宽度	线型		
主通道	4 ~6 m	黄色	100 mm	实线	以主大门中心线为轴线对称分布	4 000 mm
一般通道	2.8 ~4 m	黄色	100 mm	实线	以通道最窄处中垂线为对称分布线	3 000 mm
人行道	1 ~2 m	黄色	100 mm	实线	—	—
道口、危险区	间隔等线宽	黄色	100 mm	斑马线	—	—

9.3.1.2　区域划分

对于叉车、电瓶车等物流车辆,要划定停放区域线(线宽为 50 mm 的黄色实线区划），停放地应不妨碍交通和厂容观瞻。相关区域划分标识如表9.13所示。

表9.13 相关区域划分标识

类别	区域线			标识牌	字体
	颜色	宽度	线型		
待检区	蓝色	50 mm	实线	蓝色	白色，黑体
待判区	白色	50 mm	实线	白色	黑色，黑体
良品区	绿色	50 mm	实线	绿色	白色，黑体
不良品区、返修区	黄色	50 mm	实线	黄色	白色，黑体
废品区	红色	50 mm	实线	红色	白色，黑体
工位器具定置点	黄色	50 mm	实线	—	—
物品临时存放区	黄色	50 mm	虚线	—	“临时存放”字样

9.3.1.3 工位器具

（1）工位器具按定置管理图的要求摆放，配备规格、数量符合要求。

（2）对于塑料制品工位器具（如托盘等），颜色一律使用蓝色；金属制品工位器具，一律使用灰白色。

9.3.1.4 工位上的物品

（1）工位上的物品（工具、刀具、量具、辅具、模具、夹具、计量仪器仪表）要定置摆放（用形迹管理法）并尽可能采用标识。

（2）工具箱内的工、刀、量、辅具等物品定位放置（用形迹管理法），且只能放置与生产有关的物品，箱门背面要有物品清单，清单一律贴在门的左上角。

（3）工位上的各种图表、操作卡等文件规格统一，必须定置悬挂。

9.3.1.5 零件及制品

对于零件及在制品，用规定的工位器具存放，并定量、定位整齐摆放不落地；对于大型零件及成品，按规定位置、标高整齐摆放，达到过目知数。

9.3.1.6 库房

必须有定置管理图，有A、B、C重点管理清单，器具按零件配置并且定置摆放。零件及物品定箱、定量、定位存放，摆放整齐。

9.3.1.7 消防器具

现场消防器具按要求定点摆放，定期检查，保持清洁、状态完好（如可采用防呆滞措施等）。

9.3.1.8 垃圾存放与处理

（1）生产现场划分：分为工业垃圾与生活垃圾。工业垃圾用黄色料箱（桶）摆放，生活垃圾用蓝色或红色料箱（桶）摆放。

（2）厂区和办公区划分：分为不可回收垃圾和可回收垃圾。不可回收垃圾用黄色料箱（桶）摆放，可回收垃圾用绿色料箱（桶）摆放。

（3）垃圾要分类、定点存放，定时清运，不得外溢和积压。

9.3.1.9 现场维修

现场维修时拆卸的零件要摆放整齐，完工后要及时清理场地，达到工完料净、场地清，保持现场原貌。

9.3.1.10 标识牌

标志牌要求如表 9.14 所示

表 9.14 标识牌的要求

<table>
<tr><th colspan="2">区域</th><th colspan="2">标牌标准</th></tr>
<tr><td colspan="2">生产线名称</td><td colspan="2">垂直于主通道吊设灯箱，规格：1 200 mm×600 mm×200 mm。版面内容：上半部为公司标识（字体为红色）和车间、班组代号（字体为黑体）；下半部为生产线名称（中、英文），红底白字（字体为黑体），双面显示；上下部比例为 2：3</td></tr>
<tr><td rowspan="5">检验区</td><td>待检区</td><td>蓝色标示牌</td><td rowspan="5">所有标示牌规格均为 300 mm×210 mm×1.5 mm，涂漆成相应颜色，落地放置，标识牌上字体一律用白色（待判区用黑色），字体为黑体</td></tr>
<tr><td>待判区</td><td>白色标示牌</td></tr>
<tr><td>良品区</td><td>绿色标示牌</td></tr>
<tr><td>不良品区、返修区</td><td>黄色标示牌</td></tr>
<tr><td>废品区</td><td>红色标示牌</td></tr>
<tr><td colspan="2">工序（工位）标识牌</td><td colspan="2">规格：400 mm×180 mm。材料：金属或塑料。版面：蓝底白字，悬挂放置</td></tr>
<tr><td colspan="2">设备状态标识牌</td><td colspan="2">规格：200 mm×150 mm。材料：铝塑或泡沫。版面内容：上半部为“设备状态标识”名称（蓝底白字），下半部为圆形，直径 130 mm，内容为正常运行（绿色）、停机保养（蓝色）、故障维修（红色）、停用设备（黄色）、封存设备（橙色），指针为铝质材料</td></tr>
<tr><td colspan="2">消防器材日视板</td><td colspan="2">规格：300 mm×180 mm。材料：铝塑或泡沫。版面内容：上半部为公司标识、消防器材日视板、编号字样，下半部有型号、数量、责任人、检查人字样和 140 mm×100 mm 透明有机板</td></tr>
<tr><td colspan="2">关键工序</td><td colspan="2">规格：400 mm×300 mm。材料：铝塑或泡沫。版面内容：上部为关键工序名称字样，中部为关键工序编号字样，下部为“关键工序”字样，黄底蓝字，字体为黑体</td></tr>
<tr><td rowspan="3">警示牌</td><td>小心叉车（在通道拐弯处）、限高、禁止攀越等警示牌</td><td colspan="2">规格：600 mm×300 mm。材料：金属或塑料。版面：白底蓝字、蓝图案，悬挂放置</td></tr>
<tr><td>出口、安全出口标识牌</td><td colspan="2">规格：600 mm×300 mm。材料：白塑料板。版面：白底绿字、绿图案，悬挂放置</td></tr>
<tr><td>广角镜（广视镜）</td><td colspan="2">在通道转弯处，悬吊不锈钢半球，球面半径为 1 500 mm</td></tr>
</table>

续表

区域	标牌标准
穿戴劳保用品、防护用具等标识牌	规格:300 mm×300 mm。材料:铁板。版面:白底蓝图案,悬挂放置
立柱标识	版面:字符标高4 m,四面涂刷,上部字母高300 mm,下面数字高300 mm,蓝色,字体为黑体
办公室及库房标识	规格:300 mm×80 mm。材料:金属或铝塑。版面:上部为公司标志和部门名称,下部为科室或库房名称,悬挂放置于门的右上侧

9.3.1.11 工作角

1. 工作角构成

长方形桌规格为1 200 mm×600 mm×800 mm,或1 800 mm×600 mm×800 mm、圆形凳(两连体或三连体)、工具柜、急救箱、目视板。

2. 构成物颜色

长方形桌的桌面铺绿色橡胶板或灰白色长条桌;工具柜、急救箱、目视板为灰白色;圆形凳为蓝色。

9.3.2 工位器具现场管理标准

(1)各部门必须按规定流程申请工位器具的制作,防止工位器具的设计不合理和工位器具的浪费。

(2)工位器具必须定置摆放,不允许摆放超过规定数量的工位器具。

(3)工位器具的摆放必须符合人机工程学原理,不允许物品超出工位器具摆放或物品随意摆在工位器具上。工位器具内的物料须整齐摆放。

(4)做好工位器具的标识。

①工位器具上要标明物料名称、数量、产地、是否关键或作重要件。

②做好工位器具的定置线区域或空中标识。

③工位器具内的物料必须和标识的物料相符,严禁物料混放。

(5)必须保持工位器具内及四周环境无垃圾、无油污、无灰尘,干净、整洁。对工位器具漏油等给现场5S带来影响的,必须改善或报废。

(6)工位器具损坏的,及时申报维修。严禁将坏的工位器具丢弃在现场。

(7)多余的工位器具一定要办理退还手续。报废的工位器具要及时办理报废手续。严禁将多余的、报废的和暂时不使用的工位器具丢在现场和厂区外。

(8)严禁将食品、饮料瓶等垃圾、工具、工作服等扔在工位器具内。

(9)各部门要对工位器具编号并建立台账,做到账、卡、物相符。

(10)库房和使用部门对损坏的、脏污、超载的、混放的、多放的工位器具可以拒绝接收,由此造成的停产、质量等一切损失由责任方承担。

(11)各使用部门或库房必须做好工位器具的日常保养工作,对故意损坏或操作不当损坏的,按价赔偿。

(12)各使用部门或库房必须每月月末组织对工位器具数量、卫生、保养及定置情况进行自查,将自查结果报5S管理委员会。

(13)5S管理委员会不定期抽查,并每季度组织一次专项检查。

9.3.3 工具柜管理标准

(1)各部门必须按规定流程申请工具柜的制作(购买),充分利用工具柜的空间,现场不得摆放多余的工具柜和利用率低的工具柜,否则5S管理委员会将强制收回。

(2)工具柜必须定置摆放,工具柜内的物品也必须分类并定置摆放。

(3)做好工具柜的标识。

①工具柜表面贴标签,标签一律贴在门的左上角。

②工具柜内贴有"物品清单",背面一律贴在门背面的左上角。

(4)工具柜内物品必须按"物品清单"摆放整齐,不允许混乱摆放。

(5)工具柜内工具必须进行"行迹管理"。

(6)工具柜表面及柜内保持干净,无油污、无脏物、无垃圾等。

(7)工位器具组在制作新工具柜时,柜门应运用"透明化"管理,未实行"透明化"管理的工具柜,各使用部门应对其改造。

(8)工具柜损坏,或钥匙丢失,按规定程序申报维修,不得擅自撬工具柜;故意损坏的,按价赔偿。

(9)各部门必须对工具柜编号,并建立工具柜管理台账。

(10)各部门必须每月月末组织对工具柜进行自查,将自查结果报5S管理委员会。

(11)5S管理委员会不定期抽查,并每季度组织一次专项检查。

9.3.4 文件柜管理标准

(1)各部门必须按规定流程申请文件柜的购买,充分利用文件柜的空间,现场不得摆放多余文件柜和利用率低的文件柜,否则5S管理委员会将强制收回。

(2)文件柜必须定置摆放,文件柜内的物品也必须分类并定置摆放。

(3)做好文件柜的标识。

①文件柜表面贴标签,标签一律贴在门的左上角。

②文件柜内贴有"文件清单","文件清单"一律贴在门背面的左上角。

(4)文件柜内物品必须按"文件清单"摆放整齐,不允许混乱摆放。

(5)文件柜内资料必须编号,分类摆放,在资料夹上必须划上斜的"行迹线"(一律用绿线)。

(6)文件必须装在文件夹内,文件夹必须有文件目录及编号。

(7)文件柜表面及柜内保持干净,无油污、无脏物、无垃圾等。

(8)文件柜损坏,或钥匙丢失,按规定程序申报维修,不得擅自撬文件柜。故意损坏的,按价赔偿。

(9)各部门(单位)必须建立文件柜管理台账。

(10)各部门必须每月月末组织对文件柜进行自查,将自查结果报5S管理委员会。

9.3.5 饮水机管理标准

(1)本着节约的原则,不需要设置饮水机的地方,不要设置饮水机。对于闲置不用的(一个月以上)饮水机,5S管理委员会查出将按5S考核进行扣分。

(2)对必须设置和数量不够的,使用部门必须按相关流程及时申领。

(3)各使用部门负责饮水机的日常维护和保养。必须保持饮水机机身、附属设施及其四周环境卫生、整洁、干净。

(4)必须对饮水机实行定置和目视化管理。

(5)各部门必须根据饮水机的使用情况决定是否使用接水盒和杯架。对需要使用接水盒和杯架的,设计图纸必须经工程技术部批准后,工位器具方可为其制作。

(6)各部门必须指派专人对饮水机和桶装水进行管理,并建立饮水机及桶装水台账。

(7)每台饮水机旁桶装水(包括空桶)不得超过三桶。

(8)爱护公物,对故意和野蛮使用损坏的,按价赔偿。对非人为损坏的,必须及时按规定流程申报维修和办理报废手续,严禁将坏的饮水机放在现场(一周以上)。

(9)严禁向饮水机的上接水盒倒茶叶及其他脏物。

(10)节约用电,不使用时及时关闭电源。

(11)各部门必须按饮水机的使用说明书进行操作。

(12)各部门必须对饮水机及附属设施进行日常保养和清扫。

(13)5S管理委员会对各部门饮水机进行不定期检查,于每半年组织一次饮水机专项检查。

9.3.6 垃圾管理标准

(1)根据垃圾的性质,将垃圾分为工业垃圾和生活垃圾。具体分类,各部门依具体情况划分。

(2)工业垃圾用黄色料箱(桶)摆放,生活垃圾用蓝色料箱(桶)摆放,并且料箱(桶)上必须印上“工业垃圾”和“生活垃圾”字样。

(3)严禁工业垃圾和生活垃圾混放,应将工业垃圾和生活垃圾放入相应颜色的料箱(桶)内。

(4)对垃圾箱实行定置管理,并制定垃圾箱定置图。

(5)各部门必须保持垃圾箱及其周围环境卫生、整洁。

(6)垃圾箱实行专人管理、专人清倒、专人检查,严禁垃圾超高摆放和外溢。

(7)垃圾在清运过程中不得洒落,运到公司指定地点清倒。

(8)垃圾箱渗漏的及时维修。

(9)垃圾箱损坏的,需及时维修。故意损坏的,按价赔偿。

(10)后勤部也必须按垃圾分类清运,严禁将分类后的垃圾混合清运。

(11)各部门(单位)必须对垃圾箱进行编号,并建立垃圾箱台账。

9.3.7 污水(生活)排放管理标准

(1)各部门根据实际需要,按相关流程申请设立污水排放点,并做好标识。

(2)污水排放点必须设置过滤网。

(3)各部门必须在指定的污水排放点倾倒污水,严禁在洗手间、下水道及其他地方排放污水。

(4)必须保持污水排放点处卫生整洁、干净,并定期对排污池内的垃圾、沉淀物进行清理。

(5)严禁在污水点排放易燃物品(如油、酒精及其他化学物品)。

(6)维护厂区环境,爱护污水排放点四周的绿地,严禁破坏公司绿化。

(7)各部门必须每周对污水排放点进行自查。

(8)5S管理委员会不定期抽查,并每季度组织一次专项检查。

9.3.8 门窗管理标准

(1)每块玻璃必须有责任人,将责任人标签贴在玻璃的左下方。

(2)玻璃必须定期清扫,玻璃、窗台及四周无蜘蛛网、灰尘、污点、黑斑等。

(3)清扫玻璃时,先用湿抹布擦一遍,再用报纸擦一遍。

(4)玻璃上除粘贴责任人标签和部门标识外,不允许粘贴其他物品。

(5)靠车间里面的窗户不得悬挂窗帘或其他障碍物。

(6)各部门每周须检查一次,要求有检查记录。

(7)玻璃损坏的须按规定流程及时更换,故意损坏的按价赔偿。

(8)5S管理委员会不定期抽查,并每半年组织一次专项检查。

9.3.9 外单位物品临时存放管理标准

(1)需存放临时物品的部门必须填写"临时物品存放申请单",经被存放地单位领导(或现场管理员)同意后,方可存放。

(2)物品必须存放在被存放地单位指定区域内。

(3)存放部门必须做好临时存放物品的定置、标识和5S工作。

(4)物品及人员要服从被存放部门的管理。

(5)物品存放超过申请存放期限,如需继续存放,必须再重新办理申请,经被放部门,同意后方可继续存放。

(6)被存放部门须负责临时存放物品的安全管理。

附录1

5S管理知识作业题

第一部分　5S管理知识问答

1. 为什么要搞5S？

2. 实施5S有什么好处？

3. 5S的最终目的是什么？

4. 推行5S活动，应贯彻什么方针？

5. 整理的目的是什么？

6. 整理的工具是什么？

7. 摄影警示是什么？

8. 对不用的物品怎样处理？

9. 整顿的目的是什么？

10. 整顿实施的方法是什么？

11. 定置管理与5S有什么关系？

12. 怎样实施定置管理？

13. 定置管理是不是只对物的“定置”？

14. 生产现场区域定置管理有哪些内容？

15. 当你到了一个新岗位发现寻找东西很困难，怎么办？

16. 清扫的目的是什么？

17. 清扫的实施方法是什么？

18. 实施清扫时可以发现什么？

19. “清扫”只是对工作场所彻底打扫，对吗？

20. 清洁的目的是什么？

21. 清洁的实施方法是什么？

22. “清洁”时，应树立一种什么意识？

23. 素养的目的是什么？

24. 素养的实施方法是什么？

25. 素养达到的目标是什么？

26. 在决定东西放在什么地方时，应该考虑什么？

27. 当你发现经整理、清扫过的工作场所又重新脏起来，使你感到前功尽弃，有放弃的感觉时，应怎么办？

28. 为了维持整洁的工作环境，首先应采取什么措施？

29. 在已达到了基本整洁时，尚有一条可充分表现你的聪明才智和审美情趣的工作，应是什么呢？如何做？

30. 工具用后随意摆放有何坏处？

31. 5S 活动到了习惯化阶段会怎么样？

32. 过期的报表单据、文件资料是否都要扔掉？

33. 对待公物怎么做？

34. 实验实训室推行5S有什么好处？

35. 5S 容易做，但不容易持久，原因是什么？

第二部分 5S管理知识试卷

一、判断下列说法是否正确，正确的打√，错误的打×。

1. 所有的材料、原料、在制品、半成品、成品必须将良品与不良品分开。 （　　）
2. 作业指导书、工具等可以摆放于工作场所的任何位置。 （　　）
3. 各类不合格品、报废品必须及时清理、处置。 （　　）
4. 所有员工不一定要经过岗位培训，只有特殊岗位员工才需要。 （　　）
5. 所有员工上班必须穿工衣，正确佩戴工作证，上班时间不可以做与工作无关的事情。 （　　）

二、填空

1. 5S 是指对生产现场各生产要素（主要是物的要素）所处状态不断进行______、______、______、______和提高______的活动。

2. 通过实施 5S，可以减少______、______、______、______等的浪费，从而降低生产成本。

3. 推行 5S 有八大作用：______、______、______、______、______、______、______、______，即八大方面都为零，有人称之为“八零工厂”。

4. 在制定 5S 目标时，应符合以下五项原则要求：______、______、______、______、______。

5. 现场诊断主要采用______和______相结合的方法。

6. 间接评价法是采用与生产现场管理有密切关系的经济技术指标，包括______、______、______及______ 4 个方面进行评价。

7. 看板管理分为______、______、______三类。

8. 看板管理的作用：传递信息、统一认识、______、帮助管理、防微杜渐。

9. 改善提案是______的活动。

10. 问题意识的核心在于______________。

11 改善成功的五种状态分别是______、______、______、______、______。

12. 改善的四大原则是______、______、______、______。

三、选择题

1. 关于整理的定义，正确的是（　　）。

A. 将所有的物品重新摆过

B. 将工作场所内的物品分类，并把不要的物品清理掉

C. 将生产、工作、生活场所打扫得干干净净

D. 将物品分区摆放，同时做好相应的标示

2. 有关整理的方法，正确的是(　　)。

A. 常用的物品，放置于工作场所的固定位置或近处

B. 会用但不常用的物品，放置于储存室或货仓

C. 很少使用的物品放在工作场所内固定的位置

D. 不能用或不再使用的物品，废弃处理

3. 整理主要是排除(　　)的浪费？

A. 时间　B. 工具　C. 空间　D. 包装物

4. 公司需要整理整顿的场所是(　　)。

A. 工作现场　B. 办公室

C. 全公司的每个地方　D. 仓库

5. 您对目前的工作环境有何看法？(　　)

A. 很多地方还很杂乱　B. 缺乏爱心，物品丢在地上没人捡

C. 大概可以了　D. 目前条件已无法再改善

6. 整顿需要(　　)。

A. 长时间持续　B. 一两次就可以

C. 领导检查时再做　D. 积极参与行动

7. 整顿主要是排除(　　)的浪费。

A. 材料　B. 时间　C. 人力　D. 空间

8. 整顿的"3 定"原则是(　　)。

A. 定位　B. 定点　C. 定品　D. 定量

9. 整顿的"3 要素"是(　　)。

A. 场所　B. 方法　C. 标示　D. 标注

10. 物品乱摆放属于5S中(　　)一项处理的内容。

A. 整理　B. 整顿　C. 清扫　D. 清洁

11. 清扫在5S中的要求是(　　)。

A. 有空再清扫就行了　B. 清扫是5S中的一部分

C. 地、物干净　D. 生产效率高

12. 5S中重在现场消除脏污的是(　　)。

A. 整理　B. 清扫　C. 整顿　D. 清洁

13. 公司5S中的清扫(　　)。

A. 应是日常工作一部分，靠大家持之以恒做下去

B. 第一次有计划地大家做，以后靠干部做

C. 做4个月就可以了

D. 车间做就行了

14. 5S与公司及员工的关系是(　　)。

A. 提高公司形象　　B. 增加工作时间

C. 增加工作负担　　D. 安全有保障

15. 5S和产品质量的关系是(　　)。

A. 工作方便　　B. 改善品质　　C. 增加产量　　D. 没有多少关系

四. 简答题

1. 推行5S的目的是什么?

2. 制定5S方针应遵循的原则是什么?

3. 5S的前期准备是什么?

4. 5S教育培训是实施5S活动必不可少的重要环节,通常采用哪些培训方法?

5. 整理主要是排除什么浪费?

6. 整理的目的、实施要领是什么?

7. 试以某数控加工中心为对象,以组为单位进行考察分析,最后由每组组长对现场进行整理的情况进行汇报。

(1)请指出哪些是必需品、哪些是非必需品。

(2)制定整理活动推行方案。

(3)规范非必需品的处理制度。

(4)确定现场整理流程。

8. 请说出5S中"整顿"的定义、目的、实施要领。

9. 保管员清楚物品在哪里,标示与否并没有关系吗? 如果有关,请说出标示的重要性。

10. "三定"原则是什么? 其作用是什么? 举例说明。

11. 试以某数控加工中心为对象,以组(10人)为单位进行现场考察并整顿材料、整顿工具设备、整顿在制品。

12. 请说出5S中"清扫"的定义?

13. 清扫的目的、实施要领是什么?

14. 在实施5S的清扫活动时,如何号召全体职工行动起来? 列举两种方法。

15. 试以某数控加工中心为对象,以组(10人)为单位制定方针,现场考察并清扫作业台、物料架、通道、设备、办公台、文件及图样和门窗。

16. 5S中清洁的定义是什么?

17. 清扫与清洁的区别是什么?

18. 5S中清洁的目的、实施要领是什么?

19. 如何有效地实施清洁活动? 举例说明。

20. 试以某数控加工中心为对象,制定清洁活动推行方案、现场清洁管理制度及4S活动检查内容。

21. 什么是看板管理? 看板管理的特点是什么?

22. 列出几个现场出现的常见问题。

附录 2

5S 管理活动推动宣传口号

5S 是标准化的基础
整顿使"寻找"消失
目视管理是改善的第一步
遵守标准是 5S 的前提
清洁塑造明朗的工作场所
享受工作、享受生活
清扫、清洁大家做,亮丽环境真不错
5S 使工作场所更宜人
温馨明快的工厂,文明进取的员工
人人做整理,场地有条理
时时做整理,品质才会好
你清洁我清洁,工作流程更简洁
5S 将提高产品的品质和生产力
5S 能协助提高工作效率
争一流,创新高,5S 是基础
"打招呼"是素养的第一步
守纪、守法是 5S 的出发点
整理是提高品质的基础
5S 始于教养,终于教养
工作效率想提高,整理、整顿先做好
你动手,我动手,看看脏乱哪里走
5S 贵在持之以恒
干净整洁的环境,管理有序的工厂
整理做得好,效率节节高
清扫做得好,形象才会好
保持素养心,天天好心情
全体员工共同参与
5S 和安全是相辅相成的

参考文献

[1] 唐苏亚. 5S 活动推行与实施. 2 版. 广州:广东经济出版社,2012.

[2] 表万洙. 生产现场 3 定 5S 推进实战. 北京:人民邮电出版社,2011.

[3] 王小爱. 生产现场优化管理. 北京:机械工业出版社,2011.

[4] 孙少雄. 如何推行 5S:塑造人的品质. 厦门:厦门大学出版社,2001.

[5] 李家林. 6S 精益推行手册(实战图解精华版). 北京:人民邮电出版社,2011.

[6] 刘敏兴. 卓越的现场管理:5S 推行实务. 北京:北京大学出版社,2006.

[7] 林岩. 数控车工技能实训. 2 版. 北京:化学工业出版社,2012.